«J. D. es claro respecto al evangelio, es humilde y jocoso. Ha escrito un libro que ayuda al cristiano inseguro, al cristiano que siente la tentación de ser legalista, al cristiano que se ve tentado a sentir culpa, al cristiano tentado a ser egoísta. Si quieres ser misional y fiel, ayudar y mantenerte firme, encontrarás aliento en este libro».
—Mark Dever, pastor principal de la Iglesia Bautista Capitol Hill y autor de *Una iglesia saludable: Nueve características*

«Se sigue alegrando mi alma por el avivamiento de voces enérgicas que orientan a las personas hacia el evangelio, y por lo que parece ser un genuino movimiento de retorno a aquello que Pablo consideraba "lo más importante". J. D. ha hecho un trabajo magistral al clarificar y extraer las implicaciones del evangelio para la vida del creyente. Ya seas un pastor, hayas estado en la iglesia toda tu vida o te hayas convertido recientemente en cristiano, encontrarás que este libro te será útil».
—Matt Chandler, pastor principal en The Village Church

«Mi colega pastor, J. D. Greear, nos ha ayudado con su libro en esta búsqueda de una vida rebosante del evangelio. Toma los principios de la centralidad del evangelio y nos muestra cómo orientar nuestra vida en esa dirección. Agradezco cómo de una manera reconfortante y real hace que el evangelio sea accesible a los demás para que puedan experimentar su poder transformador. Me gusta sobre todo la parte práctica del libro sobre "La oración del evangelio" como una forma de ayudarnos a repetir estas verdades en lo profundo de nuestro corazón y mente. Ya sea que estés explorando el cristianismo por primera vez o estés deseoso de "contemplar esas cosas" repetidas veces, permíteme invitarte a dedicarle un tiempo a este útil libro».

—Timothy Keller, pastor principal de la Redeemer Presbyterian Church y autor de *¿Es razonable creer en Dios?*

«La obediencia total a la persona de Cristo solo puede surgir de una confianza temeraria en Su suficiencia. Agradezco a Dios por mi amigo J. D. Greear y su llamado a plantar nuestras vidas e iglesias sólidamente en la tierra del evangelio. Este libro te ayudará a reposar cada día en la inmensa gracia de Dios mientras vives constantemente para Su gran gloria».

—David Platt, pastor principal en The Church at Brook Hills y autor de *Radical*

«J. D. Greear es uno de los más grandes hombres de Dios que conozco. Y uno de los más brillantes. Su habilidad para comunicar el evangelio de una manera nueva pero fiel lo posiciona perfectamente para trasmitirte el mensaje vivificante de Jesús de un modo que nunca has experimentado y de una manera que cambiará tu vida para siempre».

—Steven Furtick, pastor principal de Elevation Church y autor de *Sol, detente*

«He vivido lo suficiente como para saber que solo hay una esperanza, algo que en verdad puede sanarnos y transformarnos: el evangelio rebosante de gracia de Jesús. J. D. Greear nos invita a sumergirnos en las profundidades insondables del evangelio y encontrar una vida plenamente satisfactoria».

—Jud Wilhite, pastor principal de la Central Christian Church, Las Vegas, y autor de *Torn* [Desgarrado]

«¿Qué queda si perdemos el evangelio? Esta pregunta debería atormentar al pensamiento evangélico, pues hoy nos encontramos rodeados de muchos evangelios falsos, parciales y confusos. Para hacer frente a esta emergencia, J. D. Greear brinda consejos acertados, un pensamiento bíblico claro y la medida exacta de convicción para ayudar a los cristianos y a las iglesias a recuperar el auténtico evangelio de Jesucristo».

—Dr. R. Albert Mohler, Jr., presidente del Southern Baptist
Theological Seminary y autor de *Proclame la verdad*

«El evangelio realmente lo cambia todo. En *Evangelio*, el pastor J. D. Greear deja bien claro esa verdad. Aquí aprenderás que la presencia y la aprobación de Cristo es todo lo que necesitas hoy y siempre para el gozo eterno. Amo este libro por la bendición que será para el cuerpo de Cristo. Tiene algo que decirnos a todos nosotros».

—Daniel L. Akin, presidente del Southern Baptist
Theological Seminary y autor de *Engaging Exposition*
[Una exposición atractiva]

«Creo que Dios le pidió a J. D. que escribiera este libro para un momento como este, pues en la iglesia nunca hubo una etapa en que necesitáramos tan urgentemente ver el evangelio con más claridad, y a la persona de Cristo en un lugar tan central en el evangelio. Este libro es un regalo de Dios para Su Iglesia y para el mundo».

—Clayton King, presidente de Crossroads Worldwide y
autor de *Dying to Live* [Morir para vivir]

«Si no te sorprenden las buenas nuevas empapadas de sangre que te arrancaron de la tumba, entonces es posible que vayas en camino de morirte de aburrimiento. Y el aburrimiento conduce a la inutilidad del desempeño mecánico, a la simulación y, finalmente, a la desesperación. Agradezco que uno de mis predicadores favoritos, J. D. Greear, recoja todo eso en este libro. J. D. trasmite con precisión y vigor la sorpresa y el sobrecogimiento que causa el poder del evangelio. Este libro no solo cautivará tu mente, sino que también acelerará tu corazón».

—Russell Moore, decano de la Facultad de Teología y vicepresidente para la Administración Académica en el Southern Baptist Theological Seminary, autor de *Adopted for Life* [Adoptados para toda la vida]

«Nada ha tenido mayor influencia en mi vida que el evangelio. Mis 35 años de ministerio pastoral han generado en mí un amor cada vez mayor y un sobrecogimiento más profundo por su poder. El doctor Greear tiene mucho que ofrecer al cuerpo de Cristo al abrazar el evangelio en todo su esplendor. El evangelio es realmente el poder de Dios para la salvación, ¡así que léelo para que siempre lo recuerdes!».

—Johnny Hunt, pastor principal de la Primera Iglesia Bautista de Woodstock

«Aprecio el evangelio y la forma en que enciende el fervor… y me encanta la forma en que J. D. escribe al respecto. Este es un libro rebosante del evangelio que te guiará en tu deseo de amar al Señor y a tu prójimo. Lo recomiendo encarecidamente».

—Elyse Fitzpatrick, autora de *Give Them Grace: Dazzling Your Kids with the Love of Jesus* [Dales gracia: Deslumbra a tus hijos con el amor de Jesús]

«Con la claridad y la convicción de un profeta, J. D. Greear no solo nos llama a ser exactos y académicos con el texto. En su libro, nos desafía a asegurarnos de que el evangelio sea más que un elemento central de nuestra teología… sino que también haya transformado nuestra vida».

–Mac Brunson, pastor principal de la Primera
Iglesia Bautista de Jacksonville

«¿Estás cansado de la desconexión existente entre la religión de la mente y la religión del corazón? Lee este libro. ¿Estás cansado de la rutina del cristianismo basado en el desempeño? Lee este libro. ¿Tienes dudas respecto a cómo tu amor por el evangelio debería manifestarse en tu caminar diario con Dios? Lee este libro. ¿Estás cansado de la "jerga evangélica" vacía que lamentablemente se ha puesto de moda en nuestros días? Lee este libro. En este breve volumen, J. D. Greear le regala a la iglesia algo maravilloso: nos exhorta a redescubrir la fuente del poder transformador de la vida cristiana. En resumen, nos llama, nos corteja y nos conduce a Cristo, nuestro gran tesoro y nuestro gozo eterno. Recomiendo encarecidamente este esperanzador y vivificante libro».

—Scott Anderson, director ejecutivo de Desiring God,
Minneapolis, Minnesota

«El fruto que anhelamos, la alegría, la paz, el amor y la bondad, elude persistentemente nuestras técnicas y fórmulas. J. D. Greear nos recuerda que Jesús y Su evangelio son ambos el medio y el fin. Disfruta este libro».

—Glenn Lucke, presidente del Docent Research Group

EVANGELIO

Recuperando el poder que hizo
al cristianismo **revolucionario**

J. D. GREEAR

Prólogo por **TIMOTHY KELLER**

NASHVILLE, TENNESSEE

Evangelio: Recuperando el poder que hizo el cristianismo revolucionario
Copyright © 2018 por J. D. Greear

Todos los derechos reservados.
Derechos internacionales registrados.

B&H Publishing Group
Nashville, TN 37234

Clasificación Decimal Dewey: 226
Clasifíquese: EVANGELIO \ DIOS \ TEOLOGÍA DOCTRINAL

Publicado originalmente por B&H Publishing Group con el título *Gospel: Recovering the Power that Made Christianity Revolutionary* © 2011 por J. D. Greear.

Traducción, edición y adaptación del diseño al español por Grupo Scribere.

ISBN: 978-1-5359-1567-0
Impreso en EE. UU.

1 2 3 4 5 * 20 19 18

Dedicado a los miembros de la Iglesia Summit, quienes han caminado pacientemente junto a un pastor que redescubría el poder revolucionario del evangelio.

Contra el mundo; por el mundo.
—San Atanasio

Contenido

Parte 3: Hacia la comprensión de una vida centrada en el evangelio

Prólogo

Por Timothy Keller

Uno de los pasajes más sorprendentes de la Biblia vincula la magnificencia de los ángeles con el misterio del evangelio. Los ángeles son seres increíblemente majestuosos y poderosos que viven en la presencia eterna de Dios. Sin embargo, en la tierra ha sucedido algo tan maravilloso que incluso estos seres inmortales anhelan «... contemplar esas cosas» (1 Ped. 1:12). ¿Qué son «esas cosas» que posiblemente y de una forma constante podrían atraer la atención de las criaturas centradas en Dios? La respuesta es: el evangelio.

> «Los profetas, que anunciaron la gracia reservada para ustedes, estudiaron cuidadosamente esta salvación. [...] A ellos se les reveló que no se estaban sirviendo a sí mismos, sino que les servían a ustedes. Hablaban de las cosas que ahora les han anunciado los que les predicaron el evangelio por medio del Espíritu Santo enviado del cielo. Aun los mismos ángeles anhelan contemplar esas cosas» (1 Ped. 1:10,12).

Los ángeles nunca se cansan de contemplar el evangelio. Esto significa que el estudio del evangelio no tiene fin. En él hay profundidades que siempre quedan por ser descubiertas y aplicadas no solo a nuestro ministerio y nuestra vida cristiana diaria, sino sobre todo a la adoración del Dios del evangelio, con una visión renovada y con humildad.

La convicción subyacente en mi predicación, mi pastorado y mis escritos es que el evangelio, este siempre fascinante mensaje anhelado por los ángeles, puede cambiar un corazón, una comunidad y el mundo entero cuando se recupera y se aplica. El evangelio da vida, pues genera cambios que se reciben solo por la gracia a través de la fe. Sin embargo, esta verdad fundamental queda atrás, se oscurece y se olvida, porque, como observó Martín Lutero, la religión establece el modo predeterminado del corazón humano. Es esencial entonces que distingamos la religión del evangelio. La religión, como el modo predeterminado de nuestro pensamiento y nuestras prácticas, se basa en el desempeño: «obedezco; por lo tanto, soy aceptado por Dios». Sin embargo, el principio operativo básico del evangelio es, como es lógico, un cambio radical, es una aceptación inmerecida: «soy aceptado por Dios a través de Cristo; por lo tanto, obedezco». Para comprender verdaderamente este cambio de paradigma a un nivel que transforma la vida, es necesario estudiar y «contemplar» el evangelio en toda ocasión y mediante formas regulares y sistemáticas.

Cuando se estudia el evangelio de esta manera, se da lugar a propiedades poco comunes. Blaise Pascal, en el siglo XVII, nos revela cómo ocurre esto:

Sin este conocimiento divino, ¿cómo podríamos evitar sentirnos exaltados o abatidos? La religión cristiana por sí sola ha sido capaz de curar estos vicios gemelos, no mediante el uso de uno para expulsar al otro según la sabiduría mundana,

sino con la expulsión de ambos a través de la simplicidad del
evangelio. Pues le enseña a los justos que todavía llevan en
sí la fuente de toda la corrupción que los expone a lo largo de
sus vidas al error, la miseria, la muerte y el pecado; y [a pesar
de eso] manifiesta a los más impíos que son capaces de recibir
la gracia del Redentor. Por lo tanto, hace temblar a aque-
llos a quienes justifica, y sin embargo consuela a aquellos a
quienes condena, mitiga el miedo con la esperanza a través
de esta doble capacidad [...]. ¡Gracia y pecado! Esto causa
infinitamente más abatimiento que la mera razón, pero sin
desesperación, e infinitamente más exaltación que el orgullo
natural, ¡pero sin inflarnos! (Pensées 208).

Una cosa es comprender el evangelio, pero otra muy diferente es *experimentar* el evangelio de una manera tal que nos
transforme radicalmente y se convierta en la fuente de nuestra
identidad y seguridad. Una cosa es captar la esencia del evangelio, y otra muy distinta es pensar en sus implicaciones para
toda la vida. Todos nos esforzamos por explorar los misterios
del evangelio constantemente y permitir que su mensaje influ-
ya en nuestro pensamiento.

Mi colega pastor, J. D. Greear, nos ha ayudado con su libro
en esta búsqueda de una vida rebosante del evangelio. Toma los
principios de la centralidad del evangelio y nos muestra cómo
orientar nuestra vida en esa dirección. Agradezco cómo de una
manera reconfortante y real hace que el evangelio sea accesible
a los demás para que puedan experimentar su poder transformador. Me gusta sobre todo la parte práctica del libro sobre «La
oración del evangelio» como una forma de ayudarnos a repetir
estas verdades en lo profundo de nuestro corazón y mente. Ya
sea que estés explorando el cristianismo por primera vez o estés
deseoso de «contemplar esas cosas» repetidas veces, permíteme
invitarte a dedicarle un tiempo a este útil libro.

Introducción

Soy un cristiano profesional. Pero durante muchos años sentí que el cristianismo era aburrido. Esta es una confesión que no escucharás a menudo de un pastor, pero sucedió así conmigo. Puse mi fe en Cristo cuando estaba en la secundaria. A mi entender, mi conversión fue sincera. Comprendí que Cristo había pagado la pena completa por mi pecado, y me entregué para hacer lo que Dios quisiera que yo hiciera. Tenía una larga lista de cosas que debía comenzar a hacer y otras que debía dejar de hacer por Dios.

Fui a una escuela cristiana que enfatizaba el cumplimiento de un conjunto de reglas. No bailábamos, pues bailar nos haría tener pensamientos impuros. Y no podíamos escuchar música con ritmo porque eso nos daría ganas de bailar. No se nos permitía ir al cine, porque las películas nos harían mundanos. Ni siquiera podíamos ver películas cristianas cuando se proyectaban en el cine, porque si la gente nos veía allí, supondrían que íbamos a ver películas mundanas, y eso podría hacerles pensar que estaba bien que vieran películas mundanas. Los verdaderos cristianos vivían según reglas como estas.

Aprendí que los verdaderos cristianos les hablan a las demás personas de Jesús, de modo que establecí metas para la cantidad de personas a las que les contaría sobre Jesús en un mes determinado. Incluso establecí un límite de quince minutos para cuánto tiempo podía transcurrir antes de preguntarle a un desconocido, sentado junto a mí en un avión, si conocía o no a Jesús.

En la universidad aprendí que los verdaderos cristianos aman las misiones internacionales, por lo tanto, hice muchos viajes misioneros (¡25 países en 10 años!) y di mucho dinero para las misiones. Incluso empaqué toda mi vida en una bolsa de lona de gran tamaño y me fui a vivir durante dos años a un país musulmán fundamentalista del tercer mundo.

Luego aprendí que los verdaderos cristianos aman a los pobres. Así que patrociné a una niña desamparada a través de la organización cristiana Compassion. ¿Pero acaso no era ella una en un mar interminable de personas afligidas que necesitaban desesperadamente mi ayuda? ¿Debía adoptar cinco más? ¿Veinticinco más? ¿Realmente necesitaba beber esa gaseosa con la cena? ¿Ese dinero no podría ser usado para alimentar a otro huérfano? Constantemente me sentía culpable por todo lo que poseía. Diera lo que diera, no era suficiente, pues *siempre* podía dar más. Y después de todo «Dios no juzga tus donaciones por la cantidad que entregas, sino por la cantidad con la que te quedas». Siempre me quedaba un poco más que lo que tenía un niño en la India.

Y luego, por supuesto, llegó el desafortunado día en que leí la biografía de un misionero que hablaba sobre cuánto más podría hacer uno por Dios si fuera soltero, y entonces concluí que, si realmente estaba decidido a que Dios me utilizara al máximo, tenía que ser soltero. Eso es lo que dijo Pablo, ¿no es así? Parafraseando 1 Corintios 7, expresó: «Preferiría que todos fueran como yo» (es decir, soltero), para que puedan estar libres de trabas en el ministerio. Por lo tanto, si quería que mi vida se aprovechara *al máximo* para el reino de Dios,

¿cómo podría desear otra cosa *que no fuera* el celibato? ¿No estaría dispuesto a ser soltero durante 70 años para que las almas pudieran ser salvas por toda la eternidad? Así que traté de ignorar a las chicas durante un semestre en la universidad, pero, muy a mi pesar, no me dejaban en paz. (Al menos así es como lo recuerdo).

En ese momento vivía de una manera que hubiera cumplido con el arquetipo de cristiano «real» y comprometido de casi cualquier persona. Pero esta religión de la llamada gracia a menudo me parecía más penosa que placentera. No importaba cuántas reglas cumpliera ni cuán disciplinada fuera mi vida, caminaba con un sentimiento omnipresente de culpa. En lo más profundo de mi corazón, sabía *(sabía)* que Dios no estaba realmente contento conmigo, porque siempre había algo que podía hacerse mejor. Los cristianos realmente buenos siempre hacían algo que yo no hacía.

Para empeorar las cosas, mi matrimonio seguía mostrando lo egoísta y mezquino que yo era. Ver a otros más exitosos que yo en el ministerio me hacía sentir celos, hasta el punto de deleitarme con la idea de que cayeran en el pecado y fueran descalificados. Todavía me sentía esclavizado por los deseos de mi carne. Mi servicio a Dios era ferviente, pero mis pasiones por Él eran frías. Ciertamente no *deseaba* conocerlo más a fondo.

Estaba cansado, y aunque nunca lo admitiera, empezaba a odiar a Dios.

Era un despiadado capataz que siempre estaba junto a mí gritando: «¡NO ES SUFICIENTE! ¡Quiero MÁS!». Siempre estaba allí, agitaba la condenación en mi cara y decía: «Si quieres mi aprobación, hay algo más que debes *hacer*». Sus constantes exigencias me volvían loco. Cuanto más me

> Mientras más de cerca lo seguían mis pies, más se alejaba mi corazón de Él.

esforcé por caminar en Sus caminos, menos amor sentí por Él. Mientras más de cerca lo seguían mis pies, más se alejaba mi corazón de Él.

Pero yo conocía los hechos. Sabía que Él había sufrido el castigo por mi pecado. También sabía que Él era la posesión más gratificante del universo. Pero si mi cabeza conocía la verdad, mi corazón no la *sentía*. Me sentía motivado a caminar con Dios principalmente por mi deseo de no ir al infierno.

Sin embargo, recientemente descubrí algo que lo ha cambiado todo.

El evangelio.

> El puritano Jonathan Edwards comparó su despertar al evangelio con un hombre que sabía, en su mente, que la miel era dulce, pero que por primera vez experimentaba esa dulzura en su boca.

Sé que decir eso suena extraño en un pastor evangélico que lidera una gran iglesia en expansión, pero es cierto.

No es que no entendiera antes el evangelio o no creyera en él. Todo lo contrario. Pero su verdad no se había trasladado de mi mente a mi corazón. Había una gran brecha entre mi intelecto y mis emociones. El puritano Jonathan Edwards comparó su despertar al evangelio con un hombre que sabía, en su mente, que la miel era dulce, pero que por primera vez experimentaba esa dulzura en su boca. Así me ocurrió a mí.

«Redescubrir» el evangelio me ha dado una alegría en Dios que nunca experimenté durante mis años de religión ferviente. Ahora siento, casi a diario, que el amor por Dios crece en mi corazón y desplaza el amor por mí mismo. Los celos que una vez me consumieron se van reemplazando por un deseo de ver prosperar a los demás. Siento que el egoísmo va dando paso a la ternura y la generosidad. Mis anhelos vinculados a los deseos de la carne se van reemplazando por un ansia de justicia, y mis sueños egocéntricos por ambiciones que glorifican a Dios. Va surgiendo en mí un poder que me transforma y me empuja al mundo para aprovechar mi vida al servicio del reino de Dios.

Todavía tengo un largo camino por recorrer, y diariamente tengo que luchar contra los deseos de mi carne que odian a Dios, pero estoy cambiando. Como diría Pablo, estoy «progresando» en el evangelio. El evangelio ha logrado en mi corazón lo que la religión nunca pudo lograr.

> «Redescubrir» el evangelio me ha dado una alegría en Dios que nunca experimenté durante mis años de religión ferviente.

Y creo que puede hacer lo mismo por ti. De eso trata este libro.

En los próximos capítulos, quiero que vuelvas a familiarizarte con el evangelio. No solo con las doctrinas, sino con su poder. El evangelio es el anuncio de que Dios nos ha reconciliado consigo mismo al enviar a Su Hijo Jesús a morir como sustituto de nuestros pecados, y que todos los que se arrepienten y creen tienen vida eterna en Él. Quiero que veas el evangelio no solo como el medio por el cual se entra al cielo, sino como la fuerza impulsora detrás de cada momento de tu vida. Quiero ayudar, de alguna manera, a que tus ojos se abran (nuevamente) a la belleza y la grandeza de Dios. Quiero que veas cómo el evangelio, y solo él, puede hacerte sentir sinceramente apasionado por Dios, libre del cautiverio de pecar, y llevarte a un sacrificio gozoso en favor de los demás.

Esto lo vamos a hacer juntos de la siguiente manera. La primera parte del libro analiza *por qué* el evangelio, y solo él, es el medio por el cual podemos ser verdaderamente transforma-dos. Quiero mostrarte por qué la transformación «religiosa» (a la que llamaremos «mecánica») definitivamente no funciona en absoluto. En esta parte, te mostraré cómo el evangelio nos transforma de una manera fundamentalmente diferente a la religión, y cómo puede lograr en nuestros corazones algo que la religión es totalmente incapaz de lograr.

En la segunda parte quiero mostrarte una simple herra-mienta que me ha ayudado desde hace varios años a empa-parme del evangelio. Es una pequeña oración de cuatro partes que he llamado «La oración del evangelio». Cada parte de la oración tiene un propósito específico, y te indica lo que Dios ha hecho por ti en Cristo y cómo eso cambia la manera en que ves a Dios, te ves a ti mismo y a los demás. Creo que esta ora-ción puede ser el medio por el cual te «prediques el evangelio» diariamente a ti mismo.

Al leer las dos primeras partes, probablemente surjan al-gunas preguntas. Preguntas tales como: «Si somos libres en Cristo, ¿por qué hay tantos mandamientos en la Biblia?», «¿qué debo hacer cuando no deseo a Dios?», «¿qué espera Dios que haga por Él?», «¿cómo es una iglesia verdaderamente centra-da en el evangelio?», y así sucesivamente. En la tercera parte quiero tratar estas preguntas directamente, y espero brindarte respuestas bíblicas sólidas. Espero que esta parte te convenza de que el evangelio es realmente, como diría el apóstol Pedro, todo lo que necesitas para vivir como Dios manda (2 Ped. 1:3).

Eso es todo. ¿Es suficientemente simple? Bien. El tiempo pasa, y las noticias más asombrosas de todo el universo espe-ran ser descubiertas.

PARTE 1

Cómo el evangelio logra lo que la religión no puede lograr

CAPÍTULO 1

El evangelio perdido

¿Realmente falta el evangelio? Si es así, ¿a dónde fue a parar? La mayoría de los cristianos conocen bien los hechos: Jesús nació de una virgen, vivió una vida perfecta, murió en la cruz en nuestro lugar y resucitó de entre los muertos. Todos los que ponen su fe en Él serán perdonados y tendrán vida eterna. Entonces, no falta el evangelio.

No nos precipitemos.

Mencioné en la introducción que hay una diferencia entre saber que la miel es dulce y degustar esa dulzura en tu boca. Ser capaz de expresar el evangelio con exactitud es una cosa; que su verdad cautive tu alma es otra muy diferente.

> Ser capaz de expresar el evangelio con exactitud es una cosa; que su verdad cautive tu alma es otra muy diferente.

El evangelio no es simplemente nuestro boleto de entrada al cielo; debe ser un fundamento completamente nuevo para la forma en que nos relacionamos con Dios, con nosotros mismos y con los demás. Debe ser la fuente de la cual fluye todo lo demás.

> Un cristianismo que no tiene como enfoque principal profundizar la pasión por Dios es un cristianismo falso, no importa cuán celosamente busque las conversiones o cuán enérgicamente abogue por un comportamiento justo.

Permíteme poner todas mis cartas sobre la mesa: creo que el evangelicalismo, como un todo, necesita desesperadamente recuperar el evangelio como el centro del cristianismo. Incluso en denominaciones conservadoras como la mía (la Convención Bautista del Sur), el evangelio ha sido eclipsado por un gran número de estímulos secundarios para el crecimiento.

No quiero decir que hayamos corrompido el evangelio, no es así, todavía tenemos bien claros los hechos. Pero la meta del evangelio no es solo que pasemos algún tipo de prueba al describir con precisión la importancia de Jesús. El objetivo del evangelio es producir un tipo de persona rebosante de pasión por Dios y amor por los demás. En verdad no parece que tengamos *eso* claro.

Un cristianismo que no tiene como enfoque principal profundizar la pasión por Dios es un cristianismo falso, no importa cuán celosamente busque las conversiones o cuán enérgicamente abogue por un comportamiento justo. Convertirse a Jesús no es solo aprender a obedecer algunas reglas. Convertirse a Jesús es aprender a adorar a Dios de una manera tal que con gusto renunciamos a todo lo que tenemos para seguirlo.

En la facultad de postgrado, mi compañero de cuarto tenía en nuestra casa un perro llamado Max. Como el pobre Max estaba lisiado en sus patas traseras, su vida consistía en yacer en nuestra puerta y mirarnos cuando pasábamos. Recuerdo que lo observé un día y pensé: «Según cómo la mayoría de la gente ve el cristianismo, Max sería un buen cristiano: no bebe, no fuma, no maldice, no se enoja; lo hemos castrado para que su vida emocional esté bajo control».

Los discípulos de Jesús no deben simplemente tener sus apetitos bajo control. Los seguidores de Jesús deben estar *vivos* y llenos de amor por Dios. Cuando amas a Dios y amas a tu prójimo, dijo Jesús, el resto de la vida cristiana comienza a ir bien (Mat. 22:37-39).

¿Cómo aprendemos a amar a Dios?

Entonces, ¿cómo aprendemos a *amar* a Dios? Ese es el dilema del «mandamiento más importante»: «Ama al Señor tu Dios con todo tu corazón, con toda tu alma y con toda tu mente» (Mat. 22:37). Pero, ¿cómo se le puede *ordenar* a alguien que sienta amor verdadero?

Recibir la orden de amar a alguien por quien no sientes ningún afecto natural se vuelve fastidioso. El amor verdadero crece como una respuesta a la belleza. La primera vez que vi a mi esposa, sentí el nacimiento de mi amor por ella. Cuanto más la he conocido a lo largo de los años, y cuanto más he visto su belleza, más he llegado a amarla. Mi amor por ella es una respuesta.

El amor por Dios es un mandamiento en la Escritura, pero solo puede cumplirse verdaderamente cuando nuestros ojos se abren para ver la belleza de Dios revelada en el evangelio. El Espíritu de Dios usa la belleza del evangelio para despertar en nuestro corazón el deseo por Dios. «Nosotros amamos a Dios», expresó el apóstol Juan, «... porque él nos amó primero» (1 Jn. 4:19). El amor por Dios nace luego de experimentar el amor de Dios.

> El amor por Dios nace luego de experimentar el amor de Dios.

Cuando nos centramos principalmente en el cambio de comportamiento, estamos ignorando el problema real: un corazón que no quiere amar a Dios. Eso no quiere decir que solo debemos obedecer a Dios cuando lo deseemos; sino que predicar el cristianismo principalmente como un conjunto de nuevas conductas creará personas que actuarán correctamente sin amar nunca lo correcto.[1] Esto da lugar a hipócritas, cansados y resentidos con Dios.

¿Qué es el crecimiento espiritual «verdadero»?

En el último mensaje que Jesús dio a Sus discípulos, les dijo que el camino hacia llevar fruto y hacia el gozo —el «secreto» de la vida cristiana—, era *permanecer* en Él. No darían «frutos abundantes» al leer libros, incrementar su autodisciplina, memorizar la Escritura o participar en grupos de rendición de cuentas o de apoyo. Todas esas cosas tienen su lugar, pero el verdadero fruto proviene solamente de permanecer en Jesús.

«Permanecer en Jesús» puede sonar como una jerigonza espiritual para ti. Siempre me pareció eso. Supuse que cuando uno «permanece en Jesús» camina con un brillo etéreo en los ojos e inexplicablemente se despierta a las 4 a.m. para tocar melodías de pasión en un arpa dorada que uno tiene junto a la cama. Pero la palabra *permanecer* es mucho más sencilla que eso. La palabra griega *méno* significa literalmente «hacer tu hogar en». Cuando «hacemos nuestro hogar en» Su amor, y lo sentimos, nos empapamos de él, reflexionamos sobre él, nos sobrecogemos ante él, entonces el fruto espiritual comienza a aparecer naturalmente en nosotros como rosas en un rosal.

Como ves, el «fruto» espiritual se produce de la misma manera que el «fruto» físico. Cuando un hombre y una mujer conciben un «fruto» físico (es decir, un niño), por lo general no piensan en los aspectos fisiológicos de crear ese niño. Por el contrario, quedan

> Cuando «hacemos nuestro hogar en» Su amor, el fruto espiritual comienza a aparecer naturalmente en nosotros como rosas en un rosal.

atrapados en un momento de intimidad amorosa, y el *fruto* de esa intimidad amorosa es un niño.

De la misma manera, el fruto espiritual no se obtiene al centrarse en los mandamientos del crecimiento espiritual. No puedes apretar los dientes y decir: «¡Tendré más sentimientos de amor hacia Dios! ¡Seré más paciente! ¡Tendré autocontrol!» Explicaré más adelante el papel de la negación de la carne y las autodisciplinas, pero el verdadero *fruto* espiritual proviene de dejarse arrastrar a un encuentro íntimo y amoroso con Jesucristo. Su amor es el suelo en el que crecen todos los frutos del Espíritu. Cuando nuestras raíces permanecen *allí*, entonces la alegría, la paz, la paciencia, la amabilidad, la dulzura y el autocontrol crecen naturalmente en nuestros corazones.

Entonces, si quieres ver el fruto espiritual en tu vida, no te centres principalmente en el fruto. Céntrate en que Jesús te acepta, y en que esa aceptación se te da como un regalo. Concentrarte en el fruto espiritual por lo general solo te llevará a la frustración y la desesperación, no fruto.

¿Alguna vez has mirado tu vida y te has preguntado por qué todavía eres tan impaciente? O: «¿Cómo puedo en verdad ser salvo y todavía tener problemas de autocontrol?». A mí me ha ocurrido. En todo caso, cuanto más he caminado con Jesús, más consciente me he vuelto de mi pecaminosidad. Sin embargo, Jesús no me dijo que «permaneciera» en mi fruto. Me dijo que permaneciera en Él, en Su aceptación de mí, que se me dio libremente como un regalo.

> Si quieres ver el fruto espiritual en tu vida, no te centres principalmente en el fruto. Céntrate en que Jesús te acepta, y en que esa aceptación se te da como un regalo.

Permanecer en Jesús significa entender que Su aceptación de nosotros es la misma independientemente de la cantidad de fruto espiritual que hayamos dado. Irónicamente, sólo cuando entendemos que Su amor no depende de nuestra productividad, es que llegamos a tener el poder para ser realmente fructíferos. Solo aquellos que permanecen en Él dan mucho fruto. En otras palabras, las personas que mejoran son aquellas que entienden que la aprobación de Dios hacia ellos no depende de que mejoren.

Entonces, lo que realmente quiero es ayudarte a permanecer en Jesús. El subproducto de permanecer en Jesús es que serás más paciente en tu matrimonio, mejorarás tu autodisciplina, serás generoso. Permanecer en Jesús producirá *todos* los frutos del Espíritu en ti, pero no porque te concentres particularmente en ninguna de esas cosas. Te concentras en Jesús. Reposas en Su aceptación y Su amor, que te son dados no por lo que tú has ganado, sino por lo que Él ha ganado para ti.

Sin amor, es totalmente inútil

En mi último año de la secundaria, comencé una relación con una chica maravillosa de quien *debía* haberme enamorado locamente. En teoría era perfecta. El problema era que cuando estábamos juntos simplemente no había *magia*, sabes a qué me refiero. Sin embargo, no pude encontrar una razón para *dejar* de salir con ella, así que continuamos saliendo, incluso después de que me fui a la universidad a 1200 millas (1930 km) de distancia.

Regresé a casa por primera vez durante las vacaciones navideñas, y acordamos vernos el día antes de la Navidad. Todo estuvo bien hasta la tarde antes de ir a su casa, cuando tuve un pensamiento alarmante: *¿Debía llevarle un regalo de Navidad?* Después de todo era el día previo a la Navidad. Si ella me tenía un regalo y yo no le llevaba uno, me vería como un perfecto canalla.

Para no fallar, paré en un centro comercial de camino a verla. Entré en el departamento de artículos deportivos, el lugar perfecto para comprar regalos románticos, y allí lo vi, el regalo ideal: una bufanda tubular Adidas para esquiar en la nieve, por un valor de siete dólares. Envolví aquella obra maestra de lana, la coloqué debajo del asiento de mi automóvil y conduje los 45 minutos hasta su casa. Me abrió la puerta y después de algunas bromas dijo: «Te compré un regalo de Navidad». Y yo con orgullo afirmé: «¡Te tengo uno también!». Entonces tomó de debajo del árbol navideño una caja *bellamente* envuelta y dijo: «¡Aquí está el tuyo!». La abrí y lo saqué, y me horroricé al ver que obviamente era una camisa muy costosa.

Me miró expectante y preguntó: «¿Dónde está mi regalo?».

Y respondí: «¡Ah, lo dejé en casa!». (Pensé que era una solución… Podía ir a casa más tarde, comprar un regalo nuevo y enviárselo por correo, y quedarme con la bufanda tubular. Ambos nos beneficiábamos). Pero entonces ella dijo: «Bueno, no tenemos nada que hacer esta noche. Tal vez podríamos ir a tu casa y buscarlo. De todos modos, me gustaría ver a tus padres».

Estoy seguro de que durante el viaje de cuarenta y cinco minutos hasta mi casa me mostré un poco distante, pues todo el tiempo estuve tramando, orando, jurando.

Cuando entramos a la casa, llamé aparte a mi madre y le pregunté: —¿Hay algo que vayas a regalarle a mi hermana que ella no sepa?

—¿Por qué? —dijo mi madre.

—No me preguntes, por favor —le respondí.

Entonces mi madre buscó uno de los regalos de mi hermana (un suéter bastante costoso) y le pusimos el nombre de mi «novia».

Se lo llevé y le dije con confianza: —Aquí tienes tu regalo. Pensé que sería perfecto para ti.

En los años transcurridos desde entonces a menudo me he preguntado qué habría sucedido aquella noche si le hubiera dicho la verdad, que mi regalo solo había sido para guardar las apariencias. Sin duda, ella lo hubiera rechazado de plano. Ninguna chica quiere ser amada solo por obligación.

De alguna manera pensamos que Dios es diferente, como si Él se complaciera en que lo sirvamos porque estamos obligados a hacerlo. Pues no lo es.

Dios desea un pueblo que lo desee a Él, que lo sirva porque lo ama. Él «busca personas —dijo Jesús—, que lo adoren en espíritu y en verdad».

En realidad, Pablo manifiesta que todo lo que hagamos por Dios que no esté motivado por el amor a Dios, a fin de cuentas, carece de valor para Él:

«Si hablo en lenguas humanas y angelicales, pero no tengo amor, no soy más que un metal que resuena o un platillo que hace ruido. Si tengo el don de profecía y entiendo todos los misterios y poseo todo conocimiento, y si tengo una fe que logra trasladar montañas, pero me falta el amor, no soy nada. Si reparto entre los pobres todo lo que poseo, y si entrego mi cuerpo para que lo consuman las llamas, pero no tengo amor, nada gano con eso» (1 Cor. 13:1-3).

No nos engañemos: aquí la lista de Pablo es impresionante según el estándar de cualquier persona. «Hablar en lenguas humanas y angelicales» tiene que ubicarte en el primer uno por ciento de las personas dotadas espiritualmente. «Entender todos los misterios y poseer todo conocimiento» significa que dominas incluso los puntos más sutiles de la doctrina cristiana. «Una fe que logra trasladar montañas» significa que puedes lograr cosas mediante la oración. ¿Y «entregar tu cuerpo para que lo consuman las llamas»? ¡Dios mío! La obediencia no puede ir más allá de eso. Cuando el plato de la ofrenda pasa por tu lado, sacas una cerilla y te prendes fuego por Dios. Eso es jugar en las ligas mayores.

> Los dones espirituales, el dominio de la doctrina, la fe audaz y la obediencia radical no equivalen a lo único que realmente le importa a Dios: el amor por Él.

Sin embargo, dice Pablo, los dones espirituales, el dominio de la doctrina, la fe audaz y la obediencia radical *no* *equivalen* a lo único que realmente le *importa* a Dios: el amor por Él. Sin amor, incluso la devoción más extrema a Dios carece de valor para Él.

Permíteme asegurarme de que lo entiendes… Puedes obtener todos los dones espirituales que existen. Puedes realizar acciones extremas de obediencia. Puedes compartir cada comida con las personas sin hogar de tu ciudad. Puedes memorizar el Libro de Levítico. Puedes orar cada mañana durante cuatro horas, como Martin Lutero. Pero si lo que haces no nace de un corazón de amor, un corazón que hace esas cosas porque verdaderamente *desea* hacerlas, entonces, a fin de cuentas, *carece de valor* para Dios.

El asunto es que, para generar en tu corazón un amor *real* por Dios, no bastan los dones espirituales, ni un mayor conocimiento doctrinal, ni una fe audaz, ni siquiera una obediencia extrema. Se necesita algo completamente diferente. Radicalmente diferente.

Ahí es donde entra en juego el evangelio. El evangelio, y solo el evangelio, tiene el poder de generar amor por Dios en el corazón. Pablo afirma que el evangelio «… es poder de Dios para la salvación…» (Rom. 1:16). Solo hay dos cosas a las que Pablo se refiere como «el poder de Dios». Una es el evangelio; la otra es Cristo mismo. A medida que se proclama el evangelio, el Espíritu mismo hace que el corazón cobre vida para ver la gloria y la belleza de Dios revelada en él. Así como la orden de Jesús al hombre inválido, «levántate y anda», tenía *en sí* el poder para que obedeciera el mandato, del mismo modo la historia de la muerte y la resurrección de Jesús tiene *en sí* el poder de hacer que los corazones muertos renazcan. Cuando se cree el evangelio, mediante el poder del Espíritu, nuestros corazones egoístas y endurecidos renacen con pasiones piadosas y justas.[2] Mientras contemplamos la gloria de Dios en el rostro de Cristo, dice Pablo, somos transformados en gloria (2 Cor. 3:18–4:14).

Entonces la religión puede decirte qué hacer, es decir, «amar a Dios con todo tu corazón, con toda tu alma y toda tu mente» y «amar a tu prójimo como a ti mismo»; pero solo el evangelio te da el poder para hacerlo.

El evangelio no solo genera obediencia, sino un nuevo tipo de obediencia,[3] una obediencia motivada por el deseo. Una obediencia que es agradable a Dios *y* deliciosa para ti.

Es necesaria una aclaración: no afirmo aquí que cada sacrificio que se nos pida que hagamos por Dios será en sí mismo *deseable*. La cruz no fue en sí deseable para Jesús.

> El evangelio genera una obediencia motivada por el deseo.

En realidad, Hebreos 12:2 afirma que Jesús *soportó* el dolor, lo que significa que tuvo que someter Sus deseos a la voluntad de Dios. Pero incluso la crucifixión de Su carne estuvo envuelta en gozo para Él. El gozo de lo que estaba obteniendo, el placer de Dios y la eternidad con nosotros, fue mayor que el dolor.

Así es como Dios quiere que sea nuestra obediencia. Cuando levantamos nuestra cruz para seguirlo, Él quiere que incluso el dolor de la cruz esté envuelto en gozo por lo que estamos obteniendo.

Esa clase de gozo en Jesús no puede surgir en nosotros mediante la simple determinación de obedecer. Ese tipo de gozo proviene solo de estar rebosante del evangelio.

Por lo tanto, si no estás donde debieras estar en lo espiritual, la respuesta no es simplemente asumir más tareas para Jesús. No es solo ser más radical en tu devoción a Dios. No se trata de buscar mayores dones espirituales, ni siquiera de conocer más sobre la Biblia. Se trata de que tu hogar esté en el amor de Dios que se te da como un regalo en Cristo.

A eso me refiero cuando digo que falta el evangelio. Hemos reemplazado la verdadera transformación del corazón por todo tipo de cambios cosméticos. Alentamos a las personas a buscar nuevos y mejores dones espirituales. Les decimos que recuperen antiguas técnicas devocionales. Tratamos de fortalecerlas en un sistema doctrinal particular, como si datos más correctos resolvieran el problema. Les decimos que muestren una fe audaz y conmovedora en la oración. Les decimos que se comprometan por completo con la Gran Comisión. Todas estas cosas tienen su lugar, pero todo lo que hacemos es acumular cambios superficiales en un corazón que realmente no ama a Dios. *Ninguna* de estas cosas puede producir amor por Dios. Solo el evangelio puede hacerlo. Sin eso, en última instancia, nuestros cambios carecen de valor.

Soy un jardinero perezoso. Para disgusto de mi esposa, no siembro flores.[4] Al menos no voluntariamente. No abono la tierra. Le pago a alguien para que corte el césped. En lo que se refiere al patio, todo lo que me importa es no recibir cartas con quejas de mis vecinos y poder ver la cabeza de mis hijas cuando juegan en él. Mi esposa, en cambio, adora un césped bien cuidado, mullido y brillante. Un día se quejó de que nuestros canteros de flores tenían demasiadas malas hierbas y que yo debía hacer algo al respecto. Entonces, hay dos maneras de eliminar las malas hierbas. Puedes ponerte de rodillas y pasar varias horas arrancándolas de raíz. Esta es la forma correcta. O puedes rociarlas con herbicida. Esta es la manera perezosa de hacerlo, es decir, mi manera. Por lo tanto, varias veces cada verano rocié nuestros canteros de flores con herbicida... y todas las malas hierbas murieron, como lo había prometido el anuncio del producto. Pero también perecieron un buen número de arbustos de rosas que quedaron atrapados en la línea de fuego. Hermosas enredaderas verdes con florecientes flores escarlatas se convirtieron en plantas secas.

Por supuesto que mi esposa se quejó, y de una forma vehemente. Entonces, digamos que, para hacerla feliz, fui a la florería y compré varias docenas de rosas, las llevé a casa y empecé a engraparlas a las ramas muertas de los rosales. ¿Arreglaba algo aquello? Los rosales muertos pueden haber dado la impresión de estar vivos, por un tiempo, al menos de lejos.

Pero en realidad estaban muertos, y no me había librado realmente del problema.

Paul Tripp ha dicho que la mayoría de las estrategias para el crecimiento cristiano se limitan a «técnicas de grapado de rosas». Dona más dinero. Tómate más serio el problema del pecado. Sé más disciplinado en tu vida. Lee tu Biblia y ten compañeros a quienes puedas rendir cuentas. Forma parte de un pequeño grupo.

Las disciplinas espirituales tienen su lugar (las abordaremos más adelante). Pero nada puede reemplazar el cambio orgánico en el corazón.

Como ves, solo en el evangelio está el poder de obedecer el primer mandamiento. Solo mediante las verdades del evangelio puede un corazón centrado en sí mismo desbordarse de amor por Dios.

Para muchos evangélicos, el evangelio ha funcionado únicamente como el rito de entrada al cristianismo; es la oración que hacemos para comenzar nuestra relación con Jesús; el trampolín desde el cual saltamos a la piscina del

> El evangelio no es solo el trampolín desde el cual saltamos a la piscina del cristianismo; es la piscina en sí.

cristianismo. Después de estar en la piscina, nos adentramos en la verdadera esencia del cristianismo: dominar los buenos principios del matrimonio; aprender las reglas y regulaciones de cómo comportarnos; y averiguar si Kirk Cameron se quedará en la serie de películas *Lo que quedó atrás*.

Sin embargo, el evangelio no es solo el trampolín desde el cual saltamos a la piscina del cristianismo; es la piscina en sí. No es solo la forma de comenzar en Cristo; es la forma en que crecemos en Cristo. Como afirma Tim Keller, el evangelio no es solo el abecé del cristianismo, es el A-Z; no es el primer peldaño en una escalera de verdades, es más como el eje central de la rueda de la verdad de Dios.⁵ Todas las demás virtudes cristianas fluyen de él.

> El crecimiento en Cristo nunca es ir más allá del evangelio, sino profundizar en él.

Es por eso que el crecimiento en Cristo nunca es ir más allá del evangelio, sino profundizar en él. Las aguas más puras del manantial de la vida se encuentran al cavar más profundo, no al cavar más amplio, en el pozo del evangelio.

Mi oración es que este libro nos induzca a un entendimiento más profundo del evangelio como el verdadero centro del cristianismo. Espero que te ayude a comprender que el evangelio no debe ser solo un boleto para el cielo, sino también el núcleo de nuestra vida. Cuando hayas establecido tu hogar en el evangelio, serás completamente generoso. Tendrás una fe audaz. Estas cosas no se agregan después del evangelio, sino que fluyen de él.

El apóstol Pedro dice que los ángeles todavía «anhelan contemplar» las cosas del evangelio, porque deslumbran sus mentes (1 Ped. 1:12). Los ángeles han visto a Dios cara a cara, ¡y aún así no se cansan de buscar en el evangelio! ¿Crees que estamos realmente listos para pasar a otra cosa?

Cualquiera que sea la disfunción espiritual que tienes en tu vida, la cura es el evangelio. ¿Queremos estar llenos de pasión por Dios? Debemos beber del evangelio. ¿Deseamos obtener el control de nuestro cuerpo? Debemos ser seducidos por el evangelio. ¿Queremos estar contentos con lo que tenemos? Necesitamos alimentarnos del evangelio. ¿Deseamos aprender a amar a nuestro cónyuge? Debemos sentirnos sobrecogidos por el evangelio.

Martín Lutero expresó en sus *Comentarios de Romanos*, que el verdadero progreso espiritual era «comenzar siempre de nuevo». Dijo que todos los días debemos «abrazar el amor y la bondad de Dios [...] y ejercitar diariamente nuestra fe en eso; sin albergar duda alguna del amor y la bondad de Dios».[6]

Siempre «comenzar de nuevo» con el evangelio. Permanecer en él; nadar en él; hacer tu hogar en él. Ver cada vez más las cosas de tu vida a través de él. Estar absolutamente convencido en todo momento de la bondad de Dios en tu vida. Esa es la única forma en que *realmente* crecerás.

> El evangelio ha hecho su obra en nosotros cuando ansiamos a Dios más de lo que anhelamos cualquier otra cosa en la vida.

El evangelio ha hecho su obra en nosotros cuando ansiamos a Dios más de lo que anhelamos cualquier otra cosa en la vida (más que el dinero, el sexo, la familia, la salud, la fama), y cuando el avance de Su reino en la vida de otros nos da más alegría que cualquier cosa que pudiéramos poseer. Cuando consideramos que Jesús es más grande que todo lo que el mundo puede ofrecer, con gusto dejamos atrás todo para poseerlo a Él. Cuando amemos a los demás como Él nos ama, de buena gana cederemos nuestras posesiones para ver Su reino entrar en sus vidas.

La obediencia que no se origina en el amor termina siendo un trabajo pesado, tanto para nosotros como para Dios. El evangelio convierte ese trabajo pesado en deleite. Nos transforma de esclavos que *tienen* que obedecer a Dios a hijos e hijas que *quieren* obedecerlo. En fin, Dios no solo quiere la obediencia; quiere un nuevo tipo de obediencia, una obediencia llena de deseo.

Vivir en la riqueza del evangelio ha cambiado para siempre mi vida. Ha transformado nuestra iglesia. Creo de todo corazón que también puede cambiarte a ti. Pero la lección de humildad para mí es que en realidad no puedo *enseñarte* nada de esto. Estas cosas se revelan espiritualmente y se disciernen espiritualmente. Requieren el don de los ojos celestiales. Ni siquiera podía enseñármelo a mí mismo cuando estaba justo frente a mí, luego ¿qué me haría pensar que podría iluminar tu corazón?

¿Y qué *te* hace pensar que puedes adquirir una pasión por Dios leyendo un libro? Entonces, ¿por qué no parar ahora y suplicarle a Dios que abra los ojos de tu corazón? Puedes usar las palabras de Pablo en su oración por los efesios:

«Pido que el Dios de nuestro Señor Jesucristo, el Padre glorioso, les dé el Espíritu de sabiduría y de revelación, para que lo conozcan mejor. Pido también que les sean iluminados los ojos del corazón […] [pido que] puedan comprender, junto con todos los santos, cuán ancho y largo, alto y profundo es el amor de Cristo; en fin, que conozcan ese amor que sobrepasa nuestro conocimiento, para que sean llenos de la plenitud de Dios» (Ef. 1:17-18; 3:18-19).

CAPÍTULO 2

Por qué el cambio religioso no funciona

Un sábado, salí a nuestro patio trasero y vi que mi hija de cuatro años, Kharis, vertía agua de una regadera en su cajón de arena. Cuando le pregunté qué estaba haciendo, respondió, sin levantar la vista: «Papá, necesito que la arena crezca. ¿Ves? Ya no queda mucha».

Traté de explicarle que su arena no crecería al regarla, porque, desde luego, no estaba viva. La única forma de aumentar la cantidad de arena en el cajón era que yo echara más arena.

Así es como la religión te transforma. La religión te añade cosas. Te da muchas cosas «para hacer»: estudios bíblicos a los que debes ir; nuevos hábitos para tu vida; las cosas que debes decir y las que no, etc. Eso es lo que algunos han llamado «cambio mecánico».[7]

Eso es esencialmente diferente de la manera en que crece un árbol. Un árbol crece y da fruto porque está vivo. Los frutos

brotan de forma natural debido a la vida interior. Así es como
el evangelio te transforma. Tu comportamiento cambia porque tú cambias. Es un cambio «orgánico».

La mayoría de las estrategias que encuentras para crecer
en Cristo terminan siendo, a pesar de su lenguaje cristiano,
cambios «mecánicos». Realizamos tareas para Dios. Agrega-
mos nuevas disciplinas espirituales. Damos dinero. Viajamos
a las misiones.

En los viejos tiempos incluso entregábamos un sobre de
ofrenda que recogía nuestra actividad espiritual durante la semana. En él se hacían preguntas como:

- ¿Has leído la Biblia esta semana?
- ¿Has orado?
- ¿Has compartido tu fe con alguien esta semana?
- ¿Hay un aporte de diezmo / fondo para construcción
  / compromiso de misión en este sobre?

> Te molestará que
> Dios te obligue a
> hacer cosas que
> de otro modo
> no harías si no
> fuera porque Él
> te amenaza con
> la condenación.

Solía ser un juego para mí
ver si podía completar todos los
elementos en el sobre desde el
momento en que comenzaba la
ofrenda hasta el momento en
que regresaba a mí. Compartí a
Cristo con mi pobre hermana
(que se sentaba a mi lado en la
iglesia) todas las semanas durante un par de años.

El problema con los cambios mecánicos es que rápidamente se vuelven fastidiosos. Eso no quiere decir que nunca
debes hacer cosas cuando no quieras hacerlas. La idea es que,
si el alcance de tu cristianismo es lograr el estándar de comportamiento correcto, te estás encaminando al desastre. Estás

poniendo la religión en un corazón que ama otras cosas. Y, aunque lo expreses o no, te molestará que Dios te obligue a hacer cosas que de otro modo no harías si no fuera porque Él te amenaza con la condenación.

La razón por la cual los cambios «mecánica» realmente no funcionan se remonta a la esencia de lo que nos pasa, a nuestro pecado original en el Jardín de Edén. Quiero que vayamos allí en este capítulo, pues solo entonces podremos entender por qué la religión no funcionará y por qué solo el evangelio puede «arreglarnos».

Dioses funcionales

Nuestro pecado original fue la idolatría.[8] Puede que te sea difícil entender eso. «¿Idolatría? No veo que se inclinaran ante un ídolo ni le oraran». El problema es que a veces no comprendemos qué es en realidad la adoración. Uno adora lo que considera más esencial para la vida y la felicidad. Para Adán y Eva fue el árbol del conocimiento del bien y del mal. Su fruto fue tan importante para ellos que estuvieron dispuestos a desobedecer a Dios para obtenerlo. Para nosotros, puede ser el dinero, el elogio de los demás, un buen matrimonio, una familia saludable, alcanzar cierto estatus en el trabajo o experimentar algún placer sensual.

Cuando algo se vuelve tan importante para ti que impulsa tu comportamiento y controla tus emociones, es porque lo estás adorando. Estás dispuesto a decirle «no» a Dios para obtenerlo.

> Casi cualquier cosa puede ser un ídolo, incluso los buenos dones de Dios.

La palabra hebrea para «gloria» *(kabód)* significa literalmente «peso». Darle gloria a algo en tu vida (o adorarlo) es darle tanto peso que no podrías imaginar tu existencia sin ello. Casi cualquier cosa puede ser un ídolo, incluso los buenos dones de Dios. La familia, los amigos, los sueños, incluso la iglesia; por supuesto, todas estas son cosas buenas. Pero se convierten en ídolos cuando les asignamos el «tipo» de peso que solo le corresponde a Dios.

> Todas las personas, sean religiosas o no, tienen dioses, porque todos somos adoradores.

En última instancia, la idolatría está detrás de todos nuestros pecados. Le damos un mayor peso a algo diferente de Dios. Cualesquiera que sean esas cosas, que sentimos que no podemos vivir sin ellas y que controlan nuestros comportamientos, son «dioses funcionales» para nosotros.[9] Quizás no postramos nuestro cuerpo ante ellas, pero sí postramos nuestro corazón.

Todas las personas, sean religiosas o no, tienen dioses, porque todos somos adoradores. Muchas personas sienten que no son adoradores porque no son religiosamente activos. Pensar que por no ser religioso se puede eliminar el impulso de adorar es como pensar que por ser soltero se puede anular el deseo sexual. Todos los seres humanos tienen algo que creen que es esencial para sus vidas; algo que si les faltara no podrían sentirse felices ni satisfechos. Sea lo que sea eso, lo están adorando, desde un punto de vista bíblico.

Salvadores funcionales

La primera sensación que tuvieron Adán y Eva después de la emoción de comer el fruto prohibido fue la sensación de su propia desnudez. ¿Estaban desnudos antes de comer el fruto? Sí. Pero solo después de haberlo comido, su desnudez los molestó. ¿Qué había cambiado?

Los primeros padres de la iglesia (personas como Gregorio Nacianceno y Atanasio) explicaron que antes de su pecado, Adán y Eva habían estado «vestidos» con el amor y la aceptación de Dios, por lo que su desnudez no los molestaba. Pero luego, al haber desechado el amor y la aceptación de Dios, quedaron con una sensación de exposición, miedo, culpa y vergüenza.

Entonces, ¿qué hicieron Adán y Eva respecto a esa sensación de desnudez? Lo mismo que cualquiera de nosotros hace cuando nos sentimos desnudos, ¡buscaron algo para cubrirse! Si padeces de sonambulismo y una noche te despiertas de pie en un gran supermercado, desnudo, no es probable que aproveches la oportunidad para comprar algunas cosas que necesitas para la casa. En cambio, irías inmediatamente a la sección de ropa y buscarías algo para vestirte. Y rogarías que ningún conocido te hubiera visto.

Adán y Eva hicieron esencialmente lo mismo. Se «cubrieron con hojas de higuera» y se escondieron de Dios. Su ropa los hizo *sentirse* más aceptables.

Todos hemos estado en la misma búsqueda desde entonces. Intentamos cubrir la vergüenza de nuestra desnudez demostrando nuestra valía de alguna manera. Encontramos algo que nos diferencia de los demás: somos más inteligentes; entramos en cierto tipo de escuela; tenemos un buen trabajo y ganamos mucho dinero; somos buenos padres; somos más fieles en nuestra religión que otros. Echaremos mano a casi cualquier cosa para establecer nuestro valor. Las personas que no son religiosas en absoluto hacen esto tanto como las religiosas. Los ateos sienten que son ciudadanos imparciales y buenos. Las estrellas de Hollywood se enorgullecen de ser activistas sociales. Tony Soprano dice: «Puedo matar a muchas personas… pero soy un buen hijo». Todo el mundo busca algo para justificar su valía.

Para la mayoría de nosotros, la vida es como un gran episodio de *Survivor* [Sobrevivientes] en el que intentamos convencer a Dios y a todos los demás de por qué no somos los que deberíamos ser eliminados y expulsados de la isla. Podemos llamar «salvadores funcionales» a las cosas que utilizamos para establecer nuestra valía.

Por qué el cambio religioso no funciona

El cambio religioso, sin importar cuán bien intencionada sea, no funciona por tres razones principales:

1. Las actividades religiosas no abordan las idolatrías raigales que motivan nuestro pecado.

En sus raíces, nuestros pecados surgen de desear cosas con más intensidad que el deseo que sentimos por Dios. El cambio religioso se centra en los actos de pecado sin abordar la idolatría que provocó ese pecado en primer lugar. En realidad, muchas veces, la religión se convierte simplemente en otra forma de obtener eso que más deseamos.

> La transformación religiosa se centra en los actos de pecado sin abordar la idolatría que provocó ese pecado en primer lugar.

Permíteme ponerte un ejemplo: Tim Keller cuenta de un joven muy promiscuo sexualmente que conoció en la universidad. Sin embargo, sus proezas sexuales iban más allá de la lujuria. «Anotarse puntos en la cama» era una forma de autoafirmarse: demostraba que era un hombre, ganaba la admiración de sus compañeros y obtenía una sensación de poder sobre las mujeres.

Durante su penúltimo año en la universidad, el muchacho se vinculó a un ministerio universitario y «fue salvo».

Rápidamente «ardió de pasión por Jesús» y dio un testimonio inspirador y audaz de su nuevo compromiso con Cristo.

Sin embargo, cuenta Keller, todavía había algo «desagradable» en él. No era una persona con la cual uno se sintiera cómodo. Si participaba en una conversación, tenía que demostrar que él tenía razón y que los demás se equivocaban. En un grupo pequeño, quería que los demás reconocieran que *sus* opiniones eran perspicaces. Siempre deseaba puestos de prominencia.

El muchacho manifestaba todos los signos externos de amor por Jesús. Se había arrepentido de su promiscuidad sexual. Fue a muchos estudios bíblicos y con valentía dio testimonio de Jesús. Sin embargo, era evidente que solo había cambiado el sexo por la religión como la manifestación externa de su verdadero deseo. Lo que realmente quería, su verdadero «ídolo raigal», era tener poder sobre los demás.[10]

Esta no es una conversión a Cristo. Lo que aquí vemos es una nueva vía para continuar con un viejo ídolo.

La verdadera adoración es la obediencia a Dios sin más motivo que deleitarse en Dios. Hay una diferencia

> La verdadera religión es cuando sirves a Dios sin esperar obtener ninguna otra cosa que no sea más de Dios.

fundamental entre servir a Dios para obtener algo de Él y servirlo para obtener más de Él. Cuando estaba en la universidad, tuve que hacer al menos un curso de bellas artes para graduarme.[11] Recuerdo que entre mis opciones había algo sobre música clásica, algo sobre poesía y algo sobre teatro. Nada parecía realmente atractivo, pero pensé que existía la posibilidad de que en el curso de arte dramático nos divirtiéramos al hacer algún *sketch* o algo así, y eso parecía más entretenido que sentarse a escuchar discos o hablar de poesía.

Error. La mitad del curso la pasé aprendiendo los nombres de oscuros directores franceses, y la otra mitad viendo videos de hombres en mallas que saltaban y se pavoneaban en el escenario. Cada semana asistí a mi clase. Pero necesitaba una buena nota en el curso para mantener mi promedio, así que me esforcé, estudié mucho y obtuve la máxima calificación.

> Ser activo (desde el punto de vista religioso) en una iglesia, no necesariamente significa que te has convertido en un verdadero adorador de Dios.

Eso fue hace más de quince años. Desde entonces, muchas cosas han cambiado. Me casé, tengo tres hijas, y mi esposa y yo ahora compramos billetes de temporada para el centro de artes escénicas de nuestra ciudad. Así que pagamos bastante dinero para ver... teatro. Hombres con mallas que se pavonean por el escenario. Y lo disfruto. No las mallas, sino las demás cosas.

Piénsalo, ¿qué gran ironía? En la universidad, usé el teatro como un medio para obtener dinero. Estudié mucho para alcanzar una buena calificación, y así tener un buen trabajo y poder *ganar dinero*. Pero ahora uso mi dinero, duramente ganado, para ver más teatro. El teatro fue un medio para obtener dinero, y ahora es el destino de mi dinero.

La verdadera religión es cuando sirves a Dios sin esperar obtener ninguna otra cosa que no sea más de Dios. Muchas personas usan la religión como una forma de obtener de Dios algo que desean: bendiciones, recompensas e incluso escapar del juicio. Este proceder es fastidioso para nosotros y para Él. Pero cuando Dios mismo es la recompensa que se busca, el cristianismo se vuelve emocionante y el sacrificio alegría.

En otras palabras, ser activo (desde el punto de vista religioso) en una iglesia, incluso en una buena iglesia, no necesariamente significa que te has convertido en un verdadero *adorador* de Dios. Es posible que simplemente hayas descubierto que la religión es un medio más conveniente para servir otros preciados ídolos como el respeto, el orgullo, el éxito, una buena familia o la prosperidad.

2. **Cuando nuestra aceptación se basa en nuestro desempeño, exacerbamos dos pecados raigales en nuestro corazón: el orgullo y el temor.**

La exposición de nuestra desnudez generó en nosotros una profunda sensación de miedo. Sentimos que nuestra forma de ser no era aceptable (lo cual es cierto), así que nos vimos impulsados a hacer algo para ser más aceptables a Dios.

Pero cualquier cosa que pensemos que nos hace mejores que los demás nos lleva a sentirnos orgullosos, y eso nos conduce a más pecados. El orgullo genera violencia, impaciencia, intolerancia, nos lleva a erigirnos en jueces y a muchos otros vicios.

Por supuesto, en el caso contrario, cuando no nos sentimos a la altura de los demás, nos desesperamos. Nuestra sensación de desnudez y miedo al rechazo aumenta. Esto solo nos lleva a intentar diferenciarnos de los demás con más vehemencia, y a sentir celos y odio por quienes nos rodean. Nuestra desesperación crea un vacío que a menudo tratamos de llenar con los deseos de la carne. La desesperación por la «desnudez» de nuestra alma hace que la gente anhele drogas, alcohol, comodidades, etc. Convierte a las personas en

> Si bien la aceptación basada en el desempeño nos empuja a un ciclo de orgullo y desesperación, la aceptación por la gracia de Dios produce frutos totalmente opuestos.

adictas al trabajo, en románticos empedernidos y en padres obsesivos.

Si bien la aceptación basada en el desempeño nos empuja a un ciclo de orgullo y desesperación, la aceptación por la gracia de Dios produce frutos totalmente opuestos. La certeza de la presencia y la aprobación de Dios hace que nuestra sensación de desnudez y nuestro anhelo de aprobación desaparezcan. Estamos completos en Él. Incluso permitimos que otros vean nuestras fallas, porque sabemos que ya tenemos la aprobación absoluta del Único cuya opinión realmente importa. Nos volvemos amables y compasivos con los demás, porque somos conscientes de cuánto se nos ha perdonado. No sentimos temor de perder todo lo que poseemos, porque en Él está todo lo que necesitamos.

La tercera razón por la cual el cambio religioso no funciona tiene que ver con su sostenibilidad.

3. La inseguridad de siempre preguntarnos si hemos hecho lo suficiente para ser aceptados causa resentimiento hacia Dios, no amor por Él.

Como expresé al comienzo del libro, cuando me convertí en creyente, constantemente me sentía culpable por las cosas que necesitaba mejorar para convertirme en un buen cristiano. Pese a mi fervor, mi amor por Dios no crecía. A decir verdad, no quería acercarme a Dios. Pues simplemente me indicaría algo más que yo tendría que hacer antes de que Él me aprobara. Así que quería «pagarle» y mantenerme a distancia para poder estar en paz. Como el gran reformador

> El verdadero amor por Dios no puede crecer cuando no estamos seguros de Sus sentimientos hacia nosotros.

Martín Lutero señaló sobre sí mismo, mi temor del juicio de Dios estaba generando un odio hacia Él que cada vez alejaba más mi corazón, incluso si mis acciones parecían, en lo externo, más piadosas.

Eso se debe a que el verdadero amor por Dios no puede crecer cuando no estamos seguros de Sus sentimientos hacia nosotros. Todo nuestro servicio a Dios se hará con el objetivo de elevar nuestro estatus ante Él. En última instancia, esto no es amor por Dios, es amor por nosotros mismos. Charles Spurgeon cuenta una historia que ilustra esto:

> Había una vez un agricultor de zanahorias muy pobre que vivía en una pequeña granja en el interior de Inglaterra. Durante una cosecha, desenterró la zanahoria más grande que jamás hubiera visto, y pensó: «Esta es una zanahoria apropiada para un rey». Así que viajó al palacio real, obtuvo una audiencia, colocó alegremente la zanahoria a los pies del rey y expresó: «Oh rey, siempre ha sido maravilloso, justo y misericordioso, y lo amo mucho. Como muestra de mi amor, quiero entregarle esta zanahoria. Es un regalo que realmente usted merece». El rey, conmovido por la simple ofrenda de este hombre, respondió: «Gracias por el presente. Tengo tierras de labranza que rodean tu granja y me gustaría dártelas como regalo. Por favor, ten en cuenta que esta también es una pequeña muestra del afecto que tengo por ti, hijo mío».
>
> Uno de los nobles del rey, que estaba en la corte ese día, pensó: «¡Guau! Si el rey dio todas esas tierras por una zanahoria, ¡qué no daría por un verdadero regalo!». Así que esa noche buscó el caballo más majestuoso que jamás había visto y al día siguiente lo llevó ante el rey. El astuto noble dijo: «Su Majestad, es usted un rey maravilloso y

digno. Como muestra de mi amor, quiero obsequiarle este caballo».

El rey, que era muy sabio, comprendió el ardid y le dijo al noble: «Ayer un hombre pobre me obsequió una zanahoria. Pero hoy, te estás obsequiando el caballo a ti mismo».[12]

Cuando nuestra salvación depende de nuestro comportamiento justo, nuestra rectitud estará impulsada por un deseo de elevarnos ante los ojos de Dios. Esto no es amor por Dios; es autoprotección.

> El evangelio pone la religión al revés.

El evangelio pone la religión al revés. El evangelio nos asegura la aceptación de Dios, que se nos da como un don obtenido por la valía de Cristo, no por la nuestra. En respuesta a ese don, nos sentimos impulsados a obedecer. El amor por Él crece en respuesta a Su amor por nosotros.

El pastor británico D. Martyn Lloyd-Jones le preguntó una vez a su congregación qué harían si un día, mientras estaban fuera de casa, un amigo que los visitaba les pagara una factura cuyo plazo de pago ya estaba vencido. «Depende del monto de la factura», aclaró Lloyd-Jones. Si se tratara de un franqueo no pagado en una carta, le darían una palmada en la espalda y le dirían: «Gracias». Pero si el Servicio de Impuestos Internos finalmente los hubiera atrapado después de diez años de evasión fiscal y hubiera venido a llevarlos a la cárcel, y su amigo hubiera pagado toda su deuda, no lo palmearían en la espalda y le dirían simplemente «gracias». Caerían a sus pies y le dirían: «¡Estoy a tus órdenes!».

El evangelio nos vuelve a despertar a la belleza de Dios y nos inunda con la misericordia. Nuestro comportamiento cambia porque nosotros cambiamos. Hasta que eso suceda, todas las transformaciones religiosas serán superficiales.

Incluso si te obligas a ti mismo a actuar correctamente, tu corazón irá en la otra dirección. Esta es la doctrina de la depravación total.

> El evangelio nos vuelve a despertar a la belleza de Dios y nos inunda con la misericordia.

El evangelio según J. D.

Déjame explicarte cómo ocurre esto en mi vida. Tengo ciertos pecados contra los cuales lucho, pero detrás de esos pecados hay otros pecados más profundos que generalmente pasan desapercibidos.

Una noche, mi esposa y yo decidimos que debía psicoanalizarme para determinar cuáles eran mis pecados y mis disfunciones más recurrentes, y por qué luchaba tanto contra ellos. (Nota: *no* te aconsejaría que hicieras esto junto a tu cónyuge, a menos que tengas una piel inusualmente gruesa o seas alguien de sangre fría. De ahora en adelante lo hago *solo*).

La ira. Señaló que me enojo más cuando siento que estoy perdiendo una discusión o cuando alguien me está haciendo parecer estúpido. Determinamos que esto se debe a que necesito que la gente me admire, y siento (esté equivocado o no) que mi inteligencia es un componente clave para ganar ese respeto. Detrás de mis manifestaciones de ira hay una idolatría de la admiración de los demás. Necesito la admiración de los demás para tener felicidad y valía. La aprobación de los demás es mi dios funcional y mi salvador funcional. La presencia y el amor de Dios no son suficientes para mí.

Trabajar excesivamente y descuidar la atención de la familia. Trabajo demasiado porque quiero desesperadamente tener éxito. ¿Y por qué necesito tener éxito? Porque creo que si tengo éxito tendré la aprobación de los demás.

La preocupación. ¿De dónde viene mi preocupación? Determinamos que mi preocupación generalmente surge del temor de que no voy a alcanzar el éxito que deseo tener. La iglesia va a fracasar, quedaré en ridículo, solo seré un mediocre. Pero, de nuevo, ¿por qué necesito tener éxito, destacarme entre los demás? Porque necesito que otras personas me admiren.

La depresión. ¿Cuándo me deprimo? Por lo general, después de predicar un mal sermón. Y no es que me sienta simplemente frustrado porque mi congregación no entendió el mensaje. Me siento abatido porque mi identidad se basa en mi habilidad y reputación como predicador. Si soy un buen predicador, la gente me admirará.

La mentira. Mi esposa y yo determinamos que cuando me siento tentado a mentir esto ocurre por dos motivos: 1) Miento para ocultar mis defectos y exagerar mis logros. ¿Y por qué hago eso? Ya sabes la respuesta. 2) Miento para complacer a los demás porque no quiero decepcionarlos. Al ser el hijo primogénito, y formar parte del grupo A en mi personalidad, no me gusta desilusionar a la gente. Porque, si la gente se decepciona conmigo, entonces pierdo su aprobación, y ya hemos determinado que no soporto eso. Mi mentira es sintomática de que rindo culto a la aprobación de los demás.

Pensarás: *J. D., tú eres un tipo enfermo.* Lo soy. Pero tú también. Solo que tengo el valor suficiente para publicarlo. (Y, por cierto, tal vez la razón por la que estoy dispuesto a hacerlo es porque creo que ser tan honesto hará que me admires por mi transparencia. ¡Ah, esto nunca termina!).

En relación con cualquiera de estos cinco pecados, puedes ordenarme: «J. D.: ¡No te enfades!». O: «¡No mentirás!». Pero también puedes decirle a un perro que no ladre. ¡El problema es que mi corazón anhela tanto la aprobación de los demás que estos pecados surgen en mí instintivamente como la respiración!

Mi inseguridad me hace sentir miedo. Me hace ser irritable. Me hace querer modificar la verdad a favor mío. E incluso si pudiera disciplinarme a mí mismo para no preocuparme, enojarme o mentir, solo habría ocultado el problema real: me deleito más en la aprobación de los demás que en la aprobación de Dios. Soy un idólatra, esa es mi depravación.

Las «leyes» de Dios (es decir, órdenes como: «J. D., no mientas, no te deprimas, no te preocupes o no te enojes») me dicen qué hacer, pero no me dan realmente el poder para obedecerlas, al menos no desde el corazón.

> El evangelio me muestra un Dios que es mejor que la aprobación de los demás y un Dios más valioso que los elogios.

Lo que la religión no puede hacer, Dios lo hace por nosotros en el evangelio. El evangelio me muestra un Dios que es mejor que la aprobación de los demás y un Dios más valioso que los elogios. El evangelio me muestra que la presencia y la aprobación de Dios son el mayor tesoro del universo. El evangelio revela la misericordia de Dios hacia mí, y eso me hace ser más misericordioso con los demás, no porque tenga que serlo para obtener la aceptación de Dios, sino porque estoy tan abrumado por Su misericordia que no puedo evitar compartirla con las demás personas.

Por lo tanto, debemos empaparnos de las verdades del evangelio.

Entonces, a continuación, quiero brindarte una herramienta para hacer exactamente eso. Es una oración que he hecho todos los días durante varios años para sumergirme en las verdades del evangelio. Simplemente la llamo «La oración del evangelio».

La oración del evangelio

Primero déjame asegurarme de que entiendas esto: no hay nada mágico en esta oración. No es un conjuro para lograr que Dios haga cosas buenas por ti. Por cierto, tampoco estoy tratando de reemplazar el Padrenuestro. Esta oración es simplemente una herramienta para ayudarte a entrenar tu mente en las pautas del evangelio. El asunto no es la oración; el asunto es pensar según el evangelio.

«La oración del evangelio» tiene cuatro partes. Las dos primeras partes nos hacen mirar hacia adentro, nos ayudan a renovar nuestra mente en la aceptación que Dios hace de nosotros y en el valor de esa aceptación para nosotros:

1 «En Cristo, no hay nada que yo pueda hacer para que tú me ames más, ni nada que yo haya hecho hará que me ames menos».

2 «Tu presencia y tu aprobación son todo lo que necesito para el gozo eterno».

La tercera parte de la oración nos hace considerar cómo se manifiesta la respuesta a la gracia del evangelio. Comprender la generosidad de Dios hacia nosotros debería llevarnos a una generosidad radicalmente nueva hacia los demás.

3 «Como has sido conmigo, así seré con los demás».

La cuarta parte nos ayuda a ver nuestro mundo a través del lente del evangelio y nos lleva a una fe audaz. Si la cruz realmente revela la compasión de Dios por los pecadores y la resurrección revela Su poder para salvarlos, entonces nuestras oraciones a favor de ellos deberían ser audaces:

4   «Al orar, mediré tu compasión por la cruz y tu poder por la resurrección».

He orado así todos los días durante los últimos años. ¿Y sabes qué? Finalmente estoy empezando a comprenderlo.

PARTE 2

La oración del evangelio

La oración del evangelio

En Cristo, no hay nada que yo pueda hacer
para que tú me ames más, ni nada que yo
haya hecho hará que me ames menos.

Tu presencia y tu aprobación son todo
lo que necesito para el gozo eterno.

Como has sido conmigo, así seré con los demás.

Al orar, mediré tu compasión por la
cruz y tu poder por la resurrección.

CAPÍTULO 3

El evangelio como don de justicia

¿Cómo se siente Dios contigo, ahora mismo? ¿Y cómo determinas eso? ¿Basas tu respuesta en la semana que has tenido? ¿En cuán sistemáticos han sido tus momentos de meditación? ¿En si has sido amable con tus hijos? Durante muchos años, mi respuesta se basaba en este tipo de calificaciones.

Si había tenido una buena semana, una verdadera semana «cristiana», me *sentía* cerca de Dios. Cuando llegaba el domingo, deseaba levantar la cabeza y las manos en señal de adoración, casi como si dijera: «Dios, aquí estoy... Sé que estás alegre de verme esta semana». Si había tenido una semana excelente, me encantaba estar en la presencia de Dios y estaba seguro de que Dios se sentía muy feliz de tenerme allí también.

Pero también sucedía lo contrario.

Si no había tenido un buen desempeño como un verdadero cristiano, me sentía bastante distante de Dios. Si había caído en algunas tentaciones o había sido un imbécil con mi esposa, si había eludido algunas buenas oportunidades de compartir a Cristo, había sido tacaño, olvidado reciclar, si había pateado al perro, etc. Bueno, en esas semanas sentía que Dios no quería saber nada de mí. Cuando llegaba a la iglesia, no tenía ningún deseo de elevar mi alma a Dios. Estaba bastante seguro de que tampoco Él quería verme. Podía *sentir* Su descontento, Su falta de aprobación.

Eso se debía a que realmente no entendía el evangelio. O, al menos lo había olvidado.

El evangelio

El evangelio es que Cristo sufrió toda la ira de Dios por mi pecado. Jesucristo intercambió lugares conmigo, vivió la vida perfecta que yo debía haber vivido, y murió la muerte a la que yo estaba condenado. En 2 Corintios 5:21 se dice que en realidad Él se *convirtió* en mi pecado para que yo pudiera *convertirme* literalmente en Su justicia. San Atanasio llamó a esto «el gran intercambio». Cristo cargó con mi trayectoria en la vida, murió por ella, y me ofreció Su comportamiento perfecto a cambio. Tomó mi vergonzosa desnudez para vestirme con Su justicia. Cuando recibo esa gracia en arrepentimiento

> La justicia de Dios me ha sido dada como un don. Ahora Él me ve según la forma en que Cristo vivió, no según el tipo de semana que yo haya tenido.

y fe, recibo la aceptación plena. Él vivió en mi lugar, y murió en mi lugar, y luego me ofreció un don. Los teólogos llaman a eso «don de justicia» o también conocido como «justificación por la gracia».

Eso significa que Dios no podría amarme más de lo que ya me ama, porque Dios no podría amar y aceptar a Cristo más de lo que lo hace, y Dios me ve en Cristo. La justicia de Dios me ha sido dada como un don. Ahora Él me ve según la forma en que Cristo vivió, no según el tipo de semana que yo haya tenido.

La salvación que da Cristo es 100 % completa y está 100 % en posesión de quienes la han recibido en arrepentimiento y fe. Esto es lo que confesamos en la primera parte de «La oración del evangelio»:

En Cristo, no hay nada que yo pueda hacer para que tú me ames más, ni nada que yo haya hecho hará que me ames menos.

Es necesario darse cuenta de eso. En este momento, si estás en Cristo, cuando Dios te mira, independientemente de tu situación, Él ve la justicia de Cristo. Si realmente creemos eso, no solo en nuestra mente, sino también en nuestro corazón, esa verdad cambiará todo en nuestra vida.

> Si estás en Cristo, cuando Dios te mira, independientemente de tu situación, Él ve la justicia de Cristo.

Una nueva forma de acercarse a Dios... Y de ver la vida

Imagina que pudieras decirle a Dios: «Señor, creo que deberías escuchar mi oración porque esta semana concluí un ayuno de 40 días, y durante ese tiempo me encontré con Satanás en persona, lo miré fijamente y lo vencí, y resistí todas sus tentaciones. Y después sufrí injustamente a manos de pecadores, pero lo soporté sin quejas y sin el más mínimo destello de ira egoísta. La única vez que abrí mi boca fue para perdonar a quienes me estaban haciendo eso. Además, caminé sobre el agua, curé a un ciego en el acto y alimenté a 5000 hombres hambrientos con un solo pan.

> La obediencia de Cristo es tan impresionante que no hay nada que podamos hacer para aumentarla; Su muerte tan definitiva que nada podría disminuirla.

Según el evangelio, eso es exactamente *lo que puedes y debes decir.* La muerte de Jesús ha pagado completamente tu pecado; ahora se te ha atribuido el mérito de Su vida perfecta. A la luz de eso, ¿realmente piensas que al realizar tu meditación todos los días podrías hacer que Dios sea más favorable a ti? La obediencia de Cristo es tan impresionante que no hay nada que podamos hacer para aumentarla; Su muerte tan definitiva que nada podría disminuirla.

La Escritura dice que no debemos acercarnos a la presencia de Dios tímida o aprensivamente, sino «confiadamente» (Heb. 4:16). Con la confianza que proviene de saber que Dios nos ve según lo alcanzado por Cristo.

Para la mayoría de nosotros, eso es completamente contrario a nuestra intuición. Martín Lutero dijo que nuestros corazones están programados para las «obras de justicia», es decir, la idea de que lo que hacemos determina cómo Dios se siente respecto a nosotros. A menos que todos los días nos prediquemos activamente el evangelio, volvemos a caer en la «justificación por las obras».

La mejor jugada de Satanás

¿Sabes quién adora presionarnos para que nos evaluemos según nuestro desempeño? Satanás, nuestro enemigo. Satanás, lo creas o no, adora declararnos culpables de nuestros pecados. Ese es uno de sus nombres: el «acusador de nuestros hermanos» (Apoc. 12:10). Creo que una de las armas más efectivas de Satanás es hacernos olvidar la identidad que el Padre nos ha otorgado en Cristo y basar nuestro sentido de la aprobación en lo bien que nos hayamos desempeñado.

Puedes ver que así ocurrió en la vida de Jesús. Cuando Satanás tentó a Jesús en el desierto, trató de desviar Su atención de la declaración del Padre hacia otras fuentes de validación (Mat. 4:1-7).

«[Dado que] eres el Hijo de Dios…».[13]

Dentro de este comentario hay una duda. El enemigo insinuaba: «Bien, ya que tú eres el "Hijo de Dios", el chico Mesías, ¿no deberías ser capaz de hacer las cosas de un modo diferente? ¿Por qué el "Hijo de Dios" estaría aquí solo en el desierto? ¿No deberías poder convertir estas piedras en pan y hacer que los ángeles te sostengan al caer?».

Lo significativo aquí es que el Padre, en el capítulo anterior, le acababa de declarar a Jesús: «Este es mi Hijo amado; estoy muy complacido con él» (Mat. 3:17). El enemigo quería que Jesús buscara otras formas de validación para Su filiación divina, en lugar de centrarse en la declaración del Padre. Jesús le dijo que no necesitaba pan ni protección para probar que era el Hijo del Padre; la declaración del Padre era suficiente.

Si alguna vez hubo un momento para que Satanás pusiera en práctica su «mejor jugada», fue este. ¿No crees que es significativo que Satanás haya comenzado su «mejor jugada» intentando que Jesús apartara Sus ojos de la identidad que el Padre le había declarado y se validara de otras maneras?

Satanás hace lo mismo con nosotros. El arma más efectiva de Satanás es apartar nuestros ojos de lo que Dios ha declarado sobre nosotros en el evangelio.

¿Comprendiste?

La principal estrategia de Satanás para tentarnos es tratar de hacernos olvidar lo que Dios ha dicho sobre nosotros y evaluar nuestra posición ante Él mediante algún otro criterio.

> El arma más efectiva de Satanás es apartar nuestros ojos de lo que Dios ha declarado sobre nosotros en el evangelio.

Muchas veces, cuando pensamos en la guerra espiritual, la imaginamos en términos de fenómenos extraños y paranormales: personas que levitan a 6 pies (1,80 m) por encima de sus camas, con los ojos en blanco y espuma en la boca, o mensajes subliminales en la música *heavy metal*. ¿Satanás hace cosas así? No lo podría descartar. Pero estoy bastante seguro de que esa no es su estrategia principal.

Él ataca nuestra identidad en el evangelio. El único ataque directo de Satanás a Jesús no incluyó levitación ni tableros de la güija; tampoco le mostró a Jesús fotos pornográficas en el desierto. En cambio, trató de apartar la mente de Jesús de la declaración de Dios sobre Él. Y, por supuesto, en sus preguntas había un aire de veracidad. ¿Por qué dejaría Dios a Su Hijo solo en el desierto?

Las preguntas de Satanás siempre tienen un aire de veracidad. Por ejemplo, nuestro enemigo señalará correctamente nuestros fracasos. A veces nos ayuda a ver el pobre desempeño que estamos teniendo como cristianos al mostrarnos a alguien que es mucho mejor cristiano que nosotros. «¡Dios mío! ¿Viste el conocimiento de la Escritura que tiene esa persona? Así es un verdadero cristiano. ¿Pero tú? Tu conocimiento de la Biblia es penoso».

Otras veces nos hincha de orgullo: «Al menos no eres celosa como ella». Cualquiera de las dos estrategias es efectiva, porque en cada caso apartamos nuestra atención del don de justicia de Cristo y la centramos en nosotros mismos. Y la comparación con los demás nos lleva a dos de los pecados favoritos de Satanás: el orgullo y la desesperación. El orgullo hace que el corazón se endurezca hacia Dios y sienta odio por los demás. La desesperación nos lleva a la depresión, el miedo y la indulgencia en los deseos de la carne. Este es el ciclo en el que Satanás quiere que caigamos. Ambos comienzan con no creer en el evangelio.

> Cuando Satanás logra que apartemos nuestros ojos de la declaración pronunciada sobre nosotros en el evangelio, perdemos la seguridad y la satisfacción que tenemos en la amorosa aprobación de nuestro Padre celestial.

Cuando Satanás logra que apartemos nuestros ojos de la declaración pronunciada sobre nosotros en el evangelio, perdemos la seguridad y la satisfacción que tenemos en la amorosa aprobación de nuestro Padre celestial. Entonces la puerta queda abierta a todas las demás tentaciones.

Jesús respondió a estas tentaciones al hablar confiadamente de la aprobación del Padre hacia Él. Puso Su fe en la Palabra de Dios. Mantuvo Su «filiación amada» incluso a pesar de la gran prueba y la duda. Derrotaremos al enemigo de la misma manera.

Así que debes entender esto: tanto Satanás como el Espíritu Santo señalarán tu pecado. Pero lo hacen de maneras completamente diferentes y para fines completamente distintos. He escuchado decir lo siguiente:

> *Satanás comienza con lo que hiciste, y destruye quién tú eres. El Espíritu Santo comienza con lo que Cristo ha declarado sobre ti, y te ayuda a reconstruir lo que hiciste.*[14]

Satanás nos derrota con nuestros fracasos. Jesús nos llama a nuestra identidad. Jesús comienza con el estado perfecto que Él ha comprado para nosotros a través de Su muerte y usa el poder de Su resurrección para hacer que estemos en conformidad con Él.

Todos los días Jesús nos dice: «Tú eres mi hijo amado. Estoy muy satisfecho de ti. Vive ahora de esa manera». Satanás, por otro lado, dice: «Mírate. Mira la situación en que te encuentras. Mira lo pobre de tu vida. No es posible que seas el hijo amado de Dios». ¿A cuál de las dos voces vas a creer? Hay una diferencia abismal entre ellas.

Cuando mi hija mayor, Kharis, tenía seis años, era muy tímida y yo no lograba que probara nada nuevo: nuevas comidas, nuevos juegos infantiles, paseos en la feria, paracaidismo, caza de osos, espeleología, ¡nada de eso! La alentaba a probar algo y ella decía: «Tengo miedo, papá. No quiero». Hablé con ella varias veces sobre la necesidad de ser valiente.

Un día, ella, mi hija de cuatro años, Allie, y yo estábamos en el automóvil hablando de la feria estatal que vendría a la ciudad. Dije: —¡Kharis, tal vez este año podamos montar en la noria! —en mi espejo retrovisor, pude ver la expresión de miedo en sus ojos.

—No, papá —dijo ella—. No puedo. No quiero.

Le respondí: —Kharis, tú sabes, vas a tener que ser valiente. A veces solo tienes que probar cosas nuevas.

Yo no le estaba pidiendo que fuera a una de esas exhibiciones de payasos espeluznantes o algo por el estilo.

Ella bajó la mirada y expresó: —Lo sé, papá… A veces siento que solo soy un gran gato asustado.

Honestamente, me sentía un poco frustrado en ese momento, y dije en tono triunfal: —Así es, Kharis. A veces eres como un gato asustado, y nunca vas a lograr cosas en la vida hasta que seas valiente.

Mi hija de cuatro años, Allie, que escuchaba todo esto, la miró con la expresión más dulce y sincera, y afirmó: —No, Kharis, NO eres un gato asustado. Eres mi hermana mayor.

Sentí como si alguien me hubiera abofeteado. Pensé: *Genial. Mi hija de cuatro años es la voz del Espíritu Santo, y yo soy la voz de Satanás.*

Satanás ha engañado a muchos de nosotros para que creamos que su voz es en realidad la voz del Espíritu Santo. Nos hemos acostumbrado tanto a la voz de la condenación que pensamos que lo único que el Espíritu Santo nos dice es: «¡Basta! ¡Detente! ¡Para! ¿Qué sucede contigo? ¡Eres de lo peor!». En cambio, Él se expresa completamente diferente: «Te he creado, hijo mío. Te he quitado todo tu pecado. No podría aprobarte más de lo que lo hago ahora mismo. Vive de esa manera».[15]

Piensa en lo que le dijo Jesús a la mujer sorprendida cometiendo adulterio. Le expresó: «Tampoco yo te condeno. Ahora vete, y no vuelvas a pecar» (Juan 8:11). Lo más significativo de Su declaración es el orden en que lo que dice: promete primero, ordena después. «Tampoco yo te condeno» precede a «Ahora vete, y no vuelvas a pecar». Casi siempre tratamos de invertir ese orden. Decimos: «Si logras no pecar más, entonces Dios te aceptará».

Por el contrario, Dios nos motiva *desde* la aceptación, no hacia ella. La afirmación de Jesús le daría a esta mujer la seguridad que podría liberarla de su relación destructiva con el sexo. Sin esa seguridad, nunca se liberaría realmente. La aprobación de Dios es el poder que nos libera del pecado, no la recompensa por habernos liberado nosotros mismos.

Abrazar tu nueva identidad

Muchas personas no pueden librarse de un fracaso que marca su pasado. Tal vez hay una voz interior que le susurra a tu alma: «¿Ves? Ahí tienes la prueba. Mira lo que hiciste. Eres un fracaso. No eres bueno».

Esa es la voz de tu enemigo. ¿Qué debes hacer? Abrazar tu identidad en el evangelio. En Cristo, Dios no podría amarte más de lo que te ama en estos momentos.

Quizás no tengas tanto éxito como siempre pensaste que tendrías. Tal vez sientas que has quedado mal con tus padres, con tu familia y contigo mismo. Quizás percibas una opinión generalizada de desaprobación respecto a tu vida: de tus compañeros de trabajo, tus amigos, tu cónyuge, tus padres y de Dios. De mil maneras diferentes te dicen: «No eres lo suficientemente bueno. Eres un fracaso».

Predícate el evangelio a ti mismo. Debes decirte que, gracias a Jesús, tienes la aprobación absoluta del único cuya opinión realmente importa.

Quizás tengas el problema opuesto: tal vez siempre has sido «un ganador». Siempre has estado en una posición favorable respecto a todos los demás y, por lo tanto, tu autoestima es alta. He visto a muchas personas que llegan lejos en la vida de esta forma, hasta que finalmente conocen a alguien mejor que ellos, o enfrentan un fracaso. Si tu identidad se basa en tu éxito, enfrentarás ciclos de orgullo y desesperación. Eres orgulloso y dominante cuando estás en la cima, y fastidias a todos. Sin embargo, también vives en un estado constante de paranoia, siempre te preocupa que alguien te quite tu éxito. Si eres así, predícate el evangelio a ti mismo. Recuérdate a ti mismo que la aceptación de Dios es lo único que importa, y que es eterna. Se te ha dado como un don; ganado por Cristo, no por ti. Así que no hay lugar para el orgullo.

Tal vez te molesta ver cuán pocos frutos del Espíritu están presentes en tu vida. Alguna vez pensaste: *¿Cómo alguien que es verdaderamente salvo puede ser tan desordenado como yo?* A veces siento eso. Cuando miro dentro de mi corazón, todavía veo una cantidad frustrantemente pequeña de generosidad degradada por una abrumadora cantidad de egoísmo. Los celos y el orgullo todavía retoñan como malas hierbas. Cuando comienzo a basar mi identidad espiritual en el progreso que he logrado, comienzo a desesperarme.

Mi identidad y mi seguridad no dependen de mi progreso espiritual. Mi identidad y mi seguridad están en la aceptación que Dios hace de mí, que se me da como un don en Cristo. Y eso es bueno, porque en todo caso, soy más consciente de mi pecado que diez años atrás.

> Mi identidad y mi seguridad están en la aceptación que Dios hace de mí, que se me da como un don en Cristo.

Debes comprender esto: Ese es el progreso espiritual. Ser más consciente del abismo de pecado del cual Dios te ha salvado es crecer en el evangelio.

¿Te preocupas mucho? La preocupación surge de no estar convencido del amor absoluto que un Dios soberano tiene por ti. La preocupación desaparece cuando te das cuenta de que

Dios te ama indefectiblemente y no permitirá que nada interrumpa Sus planes contigo.

> Al sentir todas estas emociones —miedo, inseguridad, falsa confianza, desesperación, preocupación— debemos predicarnos el evangelio.

Ya ves, al sentir todas estas emociones —miedo, inseguridad, falsa confianza, desesperación, preocupación— debemos predicarnos el evangelio. Debemos decirnos a nosotros mismos, a diario, que no hay nada que podamos hacer para que Dios nos ame más y nada de lo que hemos hecho hace que nos ame menos, y Su amor está perfectamente en control de nuestra vida.

Nuestro pecado y nuestros fracasos no nos han separado ni pueden volver a separarnos de Él. Él los ha apartado para siempre, tan lejos como lejos del oriente está el occidente (Sal 103:12). Se nos ha otorgado, definitivamente, la justicia de Jesucristo. Él nos dijo en Cristo: «Tú eres mi hijo amado; estoy muy complacido contigo. […] Nunca te dejaré; jamás te abandonaré», y «seguramente la bondad y el amor te seguirán todos los días de tu vida; y en la casa del Señor habitarás para siempre» (Mat. 17:5; Heb. 13:5; Sal. 23:6, paráfrasis del autor).

Permanecer en Jesús

¿Has sentido esas palabras en la profundidad de tu corazón? Permanecer en Jesús significa recordarnos constantemente que no hay nada que podamos hacer para que Dios nos ame más, y nada de lo que hayamos hecho lo hace amarnos menos.

- ¿Qué pasa si regalas todo tu dinero, no te amará, aunque sea un poco más? *No.*

- ¿Y si te vas a vivir al extranjero en una misión? *Tampoco.*
- ¿Y si finalmente comienzas a tratar a tu cónyuge con gentileza? *No te amará más de lo que te ama.*
- ¿Qué pasaría si sacaras la basura como ella te pidió?

> Debes vivir en esta gran verdad todos los días; es la única forma de expulsar el miedo, la incredulidad y la tentación.

Ella podría amarte más, pero Dios no lo haría.

- ¿Y si pasas toda la semana sin un solo pensamiento lujurioso? *La aceptación de Dios se basa en que Cristo pasó toda una vida sin pecar en contra de Él, ni en lo mínimo. Ahora, estás en Él y Él está en ti. Por lo tanto, Dios no podría amarte más de lo que ya te ama, porque Él ama a Cristo totalmente.*

Debes vivir en esta gran verdad *todos los días.* A veces hora a hora. En ocasiones cada minuto. Es la única forma de expulsar el miedo, la incredulidad y la tentación.

¿Por qué tan a menudo? Porque, de nuevo, estás programado para la «justificación por las obras». Cuando

> En el momento en que quitamos nuestros ojos del evangelio, esos topos de la autojustificación y de la autocondenación vuelven a surgir.

no estás pensando a propósito en el evangelio, probablemente has vuelto a la autojustificación. Es muy parecido a los topos de plástico en ese juego de «golpea al topo» que juegas en la feria. En el momento en que derribas a uno, aparece otro en un lugar diferente. En el momento en que quitamos nuestros

ojos del evangelio, esos topos de la autojustificación y de la au-
tocondenación vuelven a surgir. Entonces, debemos golpear-
los con la verdad (contraria al sentido común) del evangelio: la
aceptación de Dios nos es dada, en su totalidad, como un don
que recibimos por la fe, para alabanza y gloria de Dios.

Debes vivir consciente de esa verdad. Al hacerlo, tus frutos
serán abundantes.

Por lo tanto, te animo a que ores diariamente alguna va-
riante de esta oración, y a que comiences ahora mismo:

*En Cristo, no hay nada que yo pueda hacer
para que tú me ames más, ni nada que yo
haya hecho hará que me ames menos.*

CAPÍTULO 4

Transformado sin un mandamiento

*En Cristo, no hay nada que yo pueda hacer
para que tú me ames más, ni nada que yo
haya hecho hará que me ames menos.*

Espero que estés comenzando a entender que vivir en esta simple verdad del evangelio conduce a consecuencias orgánicas y naturales. Tal vez ya has experimentado ese poder transformador en tu vida.

La Biblia nos brinda varios ejemplos sobre cómo funciona esto. Uno de mis favoritos es la historia de Zaqueo. Zaqueo pasó de ser uno de los hombres más egoístas del antiguo Israel a ser el más generoso, instantáneamente, sin que se lo ordenaran.

Conoce a Zaqueo

Zaqueo no era un buen hombre. En realidad, era un hombre francamente malo. Un hombre pequeño y malo. Los romanos tenían problemas para recaudar impuestos en las ciudades conquistadas. La gente compraba y comerciaba en el mercado negro y así evadía los impuestos. Un funcionario romano no estaba lo suficientemente familiarizado con la cara oculta de la ciudad para saber dónde se encontraba verdaderamente el dinero.

Entonces contrataban a nativos para recaudar los impuestos; alguien que supiera dónde se escondía el dinero. Los recaudadores de impuestos contaban con un grupo de soldados que los ayudaban en su tarea. A los romanos no les importaba cuánto dinero extra tomaran los recaudadores para sí. Mientras obtuvieran su parte, hacían caso omiso de eso. Como te puedes imaginar, los recaudadores de impuestos se hacían ricos, muy ricos.

En otras palabras, la gran riqueza de Zaqueo provenía de traicionar a su familia y a sus amigos al ponerse al servicio de una potencia extranjera imperial. Sin embargo, a él no le importaba eso. Amaba el dinero. Eso era lo único que podía hacer que alguien aceptara ser un recaudador de impuestos. El dinero tenía que importarle más que todo lo demás.

Sinceramente, ¿puedes imaginar alguien peor?

La *Mishná* judía decía que los recaudadores de impuestos eran tan repugnantes que ni siquiera debían ser considerados personas. Se les podía mentir, decía, porque mentirle a un animal no era un pecado. Que haya tenido que trepar a un árbol para ver a Jesús te da una idea de cuán impopular era Zaqueo. (Si una persona de baja estatura quiere colocarse delante de ti en una multitud, por lo general lo dejas pasar, porque en realidad no te impide la visión. Pero nadie se apartó para dejar pasar a Zaqueo. Le cerraron el paso cada vez que trató de avanzar. De ahí que tuvo que trepar a un árbol).

Zaqueo se encuentra con Jesús

Pero entonces sucedió lo inesperado. Jesús miró hacia el árbol y dijo: «Zaqueo, baja enseguida. Tengo que quedarme hoy en tu casa».

No sabemos exactamente lo que se dijo *allí* en su casa, pero sí sabemos el efecto que tuvo en Zaqueo. Expresó: «Si en algo he defraudado a alguien, le devolveré cuatro veces la cantidad que sea». Además de eso, entregó a los pobres la mitad de sus bienes.

No hay información de que Jesús le ordenara a Zaqueo que reaccionara así. En realidad, Zaqueo va más allá de los requisitos levíticos de la restitución. Solo había un caso en el que se tenía que pagar cuatro veces la cantidad, y era si le robaban la vaca a alguien. (No sé el porqué). Y ciertamente no había nada en la ley sobre entregar el 50 % de los bienes. Es evidente que Zaqueo actuó así porque quiso.

Los eruditos del Nuevo Testamento dicen que hay cierta alegría en la forma en que Zaqueo le informa a Jesús sobre lo que está por hacer. Él no dice: «Oh, Soberano Señor, en humilde respuesta a Su requerimiento, entrego lo que Usted demanda. Por favor, acepte mis humildes ofrendas como compensación por las perversas cosas que he hecho». El tono de Zaqueo es más bien infantil. Es casi: «¡Mira, papá, mira! Mira lo que estoy haciendo con la bici. ¡Mira, papá, ahora sin las manos!».

Estaba rebosante de generosidad, anhelante por dar. No daba el dinero porque tenía que hacerlo, lo daba porque *quería hacerlo*.

¿Qué provocó el cambio?

Zaqueo pasó de ser un hombre que había vendido su alma al dios del dinero a ser un hombre que disfrutaba regalarlo. ¿Qué provocó ese cambio? El eje central de la historia tiene que ver con la forma en que Jesús trató a Zaqueo, el pecador. Jesús lo llamó para que bajara del árbol cuando todos los demás lo habían excluido.

También sabemos que Jesús fue a casa de Zaqueo para hospedarse antes de que Zaqueo se arrepintiera. En aquella época, compartir una comida con alguien era un signo de aceptación, incluso de compañerismo íntimo. Comer con alguien significaba aceptarlo.

Los líderes judíos con razón se opusieron: «¿Cómo es posible que coma con un hombre que es un conocido pecador? ¿Cómo puede trasmitirle amor y aceptación a ese hombre?».

Pero en ese momento Jesús generó en Zaqueo algo que la ley judía no había podido lograr. Jesús miró a un pequeño hombre malo en un árbol (que estaba allí porque con razón era despreciado y marginado) y le hizo una invitación de aceptación e intimidad.

> Zaqueo no fue transformado por un mandato de Jesús, sino por una experiencia con Jesús.

Esa experiencia cambió a Zaqueo para siempre. Todas las demás religiones del mundo le habrían dicho a Zaqueo: «Si cambias, puedes encontrar a Dios. Si cambias, puedes encontrar la aceptación y la salvación».

Sin embargo, el evangelio es lo contrario de la religión. Jesús le dijo a Zaqueo: «Zaqueo, la salvación ha *llegado a ti*. No saliste y encontraste la salvación. La salvación te ha encontrado».

Zaqueo no fue transformado por un mandato de Jesús, sino por una experiencia con Jesús.

Cuando Zaqueo probó la gracia de Dios, dejó de ser un hombre explotador y codicioso y se transformó en alguien de una generosidad espléndida y desbordante.

La ley genera fariseos; el evangelio produce cristianos

Desafortunadamente, la mayoría de los predicadores todavía piensa que predicar la ley, de alguna manera, es la forma en que podemos transformar nuestras congregaciones. *Paga el diezmo. Da de manera sacrificial. Economiza.* En nuestra iglesia llamamos a esos sermones «haz esto, haz aquello». Te dan una lista de cosas que debes hacer y te hacen sentir inútil cuando no las haces. Este tipo de predicación a veces puede dar lugar a una gran ofrenda, pero no produce nada de valor real a los ojos de Dios.

La predicación de la ley solo produce fariseos.[16] Pueden ser fariseos que ayunaban dos veces a la semana, apartaban la décima parte de sus especias y su comino, y se negaban a caminar más de una cierta cantidad de pasos en el día de reposo. O bien, podrían ser fariseos que donan mucho dinero, adoptan niños y participan en viajes misioneros. De cualquier manera, solo son fariseos. Se centran en el cambio externo, mientras que sus corazones están llenos de veneno. Son difuntos inmaculadamente obedientes.

Reconozcámosle a los fariseos sus cualidades: fueron muy celosos en su obediencia. Muchos dieron grandes sumas de dinero. Algunos viajaron por el mundo en busca de conversos (ver Mat. 23:15). Siempre estaban en reuniones de oración y sin duda eran los primeros en sumarse a grupos de voluntarios. Pero también eran amargados, resentidos, insatisfechos y centrados en sí mismos. Y odiaban a Jesucristo.

Dios no quiere fariseos. Quiere personas que desborden la alegría de servir a Jesús.

Transformados no por un mandato de Jesús, sino por una experiencia con Él

> No nos transformamos cuando nos dicen lo que debemos hacer por Dios, sino al escuchar las noticias sobre lo que Dios ha hecho por nosotros.

Como Zaqueo, no nos transformaremos por un mandato *de* Jesús; nos transformaremos por una experiencia *con* Jesús. Como explicaré en la parte 3, la obediencia a los mandamientos es una parte esencial de la vida cristiana, pero el poder para la transformación no proviene de ellos. El poder para la transformación proviene del evangelio. No nos transformamos cuando nos dicen lo que debemos hacer por Dios, sino al escuchar las noticias sobre lo que Dios ha hecho por nosotros.

Por lo tanto, en lugar de enumerar las órdenes que debemos obedecer, la verdadera predicación del evangelio resalta lo ocurrido; una historia sobre Dios, de un poder y una belleza tal que nunca serás el mismo una vez que la hayas encontrado.

Si alguna vez has visto una de esas «películas épicas», la trama siempre es básicamente la misma.[17] (Por ejemplo, *Avatar*, un éxito de taquilla del 2010). Tienes a un tipo que es un fracasado sin propósito en la vida, sin dirección, sin valor. Pero luego se sumerge en una historia llena de emoción y dramatismo, en la que experimenta un peligro real y encuentra una belleza real y la experiencia lo cambia radicalmente. (En el caso de *Avatar*, es más bien una belleza espeluznante con una cola azul. Como una versión esbelta de los Pitufos). Entonces regresa al mundo real como una persona completamente diferente. Ya no le teme a los peligros normales. ¿Por qué? Pues porque ha visto un peligro real y lo ha vencido. Ya no lo dominan las tentaciones normales y cotidianas. ¿Por qué? Porque ha encontrado la verdadera belleza.

Eso es lo que sucede cuando te encuentras con Dios en la historia de Jesús. Te sumerges en una historia de tal dramatismo y belleza cósmicos que cambias para siempre. Tu comportamiento se ve radicalmente alterado porque has visto y probado algo de un mundo completamente diferente.

> La transformación por el evangelio es el Espíritu de Dios que usa la historia de Dios para hacer que la belleza de Dios cobre vida en nuestros corazones.

La transformación por el evangelio es el Espíritu de Dios que usa la historia de Dios para hacer que la belleza de Dios cobre vida en nuestros corazones. Al abrir nuestros ojos y ver nuestra parte en esa historia, se genera en nosotros un amor por Dios que es lo suficientemente fuerte como para, finalmente, eliminar la atracción que sentimos por otros ídolos. El evangelio nos cura del miedo, la insatisfacción y el orgullo.

Pablo le describe este proceso de cambio, similar al de Zaqueo, al joven pastor y amigo Tito:

«En verdad, Dios ha manifestado a toda la humanidad su gracia, la cual trae salvación y nos enseña a rechazar la impiedad y las pasiones mundanas. Así podremos vivir en este mundo con justicia, piedad y dominio propio, mientras aguardamos la bendita esperanza, es decir, la gloriosa venida de nuestro gran Dios y Salvador Jesucristo. Él se entregó por nosotros para rescatarnos de toda maldad y purificar para sí un pueblo [...] dedicado a hacer el bien» (Tito 2:11-14).

Esta es una relación bastante exhaustiva de lo que es una vida recta, ¿no es así? «Rechazar la impiedad y las pasiones mundanas»; «vivir en este mundo con justicia, piedad y dominio propio»; «mientras aguardamos» ansiosamente que Jesús regrese... Pero ¿*cómo* dice Pablo que logramos estas cosas? ¿Qué es lo que nos *entrena* para hacerlas? ¿La memorización de la Biblia? ¿Las personas a quienes rendimos cuentas? ¿Ser bautizado en el Espíritu? ¿Una devoción radical?

No es que estas cosas no tengan su importancia, pero Pablo no las señala aquí: es la «gracia» de Dios, dice Pablo, la que nos capacita para «rechazar la impiedad y las pasiones mundanas. Así podremos vivir en este mundo con justicia, piedad y dominio propio». Piensa, dice Pablo, cómo la gracia de Dios vino al mundo por ti, y te siguió hasta la cruz. El Dios del universo «se entregó por nosotros», nos hizo Suyos y *vendrá* de nuevo para llevarnos a casa con toda la gloria, el esplendor y el poder que lo hizo levantarse de la tumba.

Cuando nos sumerjamos en esta historia de gracia, nos dedicaremos «a hacer el bien». Anhelaremos Su venida. Muy pocas personas en otras religiones anhelan presentarse ante Dios. A la mayoría les aterroriza eso. Viví en un país musulmán por un tiempo y sé que, aunque los musulmanes están fervientemente comprometidos con Alá, la mayoría no «anhela» verlo. La idea de pararse ante Alá es aterradora para ellos.

Sin embargo, el evangelio de la misericordia de Dios provoca un anhelo por Él. Anhelamos verlo porque sabemos que estamos seguros en Su presencia, y conocemos el amor que Dios nos mostró en el evangelio.

Entonces Pablo le dice a Tito que le predique a su pueblo la gran historia de la gracia, porque solo así vivirán correctamente. Él no les dice «esfuércense más» o «aprendan más». Su énfasis no está en el comportamiento; está en *creer*.

Las amenazas, los mandamientos y los pasos a seguir solo cambiarán nuestro comportamiento externo. Quedar cautivados con la historia de Jesús cambiará nuestros corazones.

Predicar la belleza y la gracia insondable de Jesús

Entonces, ¿cómo podemos generar un cambio verdadero, que nazca del corazón, tanto en nosotros mismos como en los demás? Lo hacemos al contar la historia de la gracia.

Debemos ayudar a las personas a ver lo que Zaqueo vio. En realidad, tenemos una ventaja respecto a este diminuto recaudador de impuestos que subía árboles, porque somos capaces, desde este lado de la cruz, de ver la gracia de Jesús con más claridad que él.

¿Por qué estaba Zaqueo en el árbol? Porque era despreciado. Jesús terminó Su ministerio clavado en un madero y siendo objeto de burlas. Jesús llamó a Zaqueo para que descendiera de un lugar de vergüenza y lo puso en un sitio de honor, y tomó el lugar de Zaqueo en el árbol.

La gracia que Dios nos extendió en la cruz debería dejarnos perplejos. Nos «quedamos atónitos ante la presencia de Jesús de Nazaret, y nos preguntamos cómo podría amarnos, a nosotros, pecadores impuros y condenados».

Cuando se entiende con el corazón lo que Jesús hizo por ti, es imposible no cambiar radicalmente. La gracia transforma a los pecadores pequeños y mezquinos en santos de magnífica generosidad.

Espero que adores al orar:

En Cristo, no hay nada que yo pueda hacer para que tú me ames más, ni nada que yo haya hecho hará que me ames menos.

CAPÍTULO 5

Dios es mejor

¿Qué es lo que realmente necesitas en tu vida para ser feliz? ¿Para que valga la pena vivirla?

Tal vez, si fueras realmente honesto, tendrías que admitir que es el dinero. O la admiración de los demás. O el poder; o la familia; o los amigos; o incluso la iglesia.

¿Es Dios? ¿Es Él lo que más deseas y quieres? ¿Es Su presencia lo único indispensable sin lo cual no podrías vivir?

La primera parte de «La oración del evangelio» reflexiona sobre nuestra seguridad de que Dios nos acepta en Cristo. La segunda parte de la oración nos lleva a reflexionar sobre cuán grande es el tesoro de esa aceptación. ¿Qué tan importante es la aprobación de Dios en tu vida? Una cosa es saber que Dios te ha aceptado plenamente en Cristo y otra es que eso se convierta en la realidad más importante y decisiva en tu vida.

La segunda parte de la oración dice así:

*Tu presencia y tu aprobación son todo lo
que necesito para el gozo eterno.*

Esta segunda parte de «La oración del evangelio» trata de
nuestra propensión a la idolatría.

Fábricas de ídolos

Un ídolo es cualquier cosa que ocupe el lugar de Dios en
nuestra vida. Un ídolo es algo que sentimos que no podríamos vivir sin él; es lo que creemos que es una necesidad
absoluta para la vida y la felicidad.

Los ídolos son aquellas cosas a las que les damos más
«peso». Se vuelven tan pesadas que no podemos imaginar
nuestra vida sin ellas. Un ídolo no es necesariamente algo
malo. Por lo general, es algo bueno que hemos convertido
en una cosa divina, y que luego se convierte en algo malo
para nosotros.[18]

En Éxodo 20:1-5, Dios dice que un ídolo es: a) algo ante
lo cual nos «inclinamos», lo que significa que exige nuestra
obediencia; y b) algo a lo cual «servimos», lo que significa que
lo buscamos porque sentimos
que no podríamos vivir sin
él. Como tal, controla nuestras emociones. Nos aterra la
posibilidad de no tenerlo. Por
último, c) un ídolo es algo
que amamos más que a Dios.
Dios está celoso de nuestro

> Juan Calvino expresó
> que el corazón
> humano es una
> «fábrica de ídolos».

amor, y si poseer algo nos brinda más alegría que Él es porque
hemos convertido eso en un ídolo. Tim Keller ha dicho que
detrás de nuestros sueños más sublimes, nuestras pesadillas
más espantosas y nuestras emociones más indoblegables, hay
un ídolo.[19]

Juan Calvino expresó que el corazón humano es una «fábrica de ídolos» que constantemente le atribuye el peso de un dios a las cosas creadas. La idolatría estuvo detrás del primer pecado, y ha estado detrás de cada pecado desde aquel momento. Entonces, ¿qué ocurre en tu caso? ¿A qué le has dado un peso divino en tu vida? Voy a hacerte algunas preguntas; si las respondes con honestidad, probablemente comenzarás a notar algunos temas recurrentes, y es muy probable que sean cosas con las que has sustituido a Dios.

La prueba del «detector de idolatría»

¿Qué es lo que más anhelas lograr en tu futuro? ¿El éxito profesional? ¿Un determinado salario? ¿Ser dueño de tu propia casa? ¿Tener una segunda casa en la playa? ¿Casarte? ¿Ver crecer a tus hijos y que tengan éxito? ¿Tener el respeto de tus compañeros de equipo? ¿Convertirte en profesional? ¿Ser amado y respetado por tus colegas?

¿Qué es aquello sin lo cual difícilmente valdría la pena vivir?

¿Qué es lo que más te preocupa perder? ¿Qué es aquello sin lo cual simplemente no podrías seguir adelante? ¿Tu familia? ¿Tu trabajo? ¿El amor de tu pareja? ¿El respeto de tus hijos?

Solía obsesionarme con mis inversiones para la jubilación porque temía cometer algún error financiero, perderlo todo y tener que vivir de un salario por hora como portero en la entrada principal de un supermercado. A menudo pienso que necesito el dinero en el banco como una seguridad para una buena vida, por lo que a menudo me preocupa perderlo.

A veces temo perder mi influencia en mi iglesia. Temo que a medida que envejezca pierda mi habilidad y la gente deje de venir a escucharme predicar. Tengo una pesadilla recurrente en la que me levanto un domingo por la mañana y todos se han ido a una nueva iglesia iluminada por un nuevo y más ardiente predicador. Me paro ante nuestro gran auditorio y somos solo mi esposa y yo, y ella está sentada en la primera fila escuchando un sermón de Matt Chandler en su iPod.

No estoy diciendo que deberíamos alegrarnos, ni siquiera ser indiferentes, cuando perdemos alguna de estas cosas. La pregunta es si son tan valiosas para nosotros que su pérdida sería inaceptable.

Si pudieras hacer que algo en ti cambiara ahora mismo, ¿qué cosa sería? ¿Perderías 30 libras (15 kg)? ¿Cambiarías tu apariencia? ¿Tu estado civil? ¿Tu trabajo? ¿Tu código postal? ¿Harías que tus hijos volvieran a casa?

Cualquier cosa que se te ocurra, probablemente la quieras cambiar porque piensas que si lo hicieras serías mucho más feliz. No hay nada malo en desear cambios en nuestra vida. Pero cuando no podemos imaginar ser felices a menos que algo cambie, tenemos un ídolo.

¿Por qué cosa te has sacrificado más? El sacrificio y la adoración casi siempre van de la mano. ¿Para qué has trabajado más duro? ¿Para obtener una beca? ¿Para tener un cuerpo perfecto? ¿Para conseguir un trabajo? ¿Para ser el mejor en tu campo? ¿Para alcanzar un cierto nivel de ingresos?

Lo que más valoras se manifiesta en lo que persigues con más fuerza.

En tu vida, ¿a quién no puedes perdonar, y por qué? ¿A un exmarido que arruinó tu reputación y te robó los mejores años de tu vida? ¿A tu esposa que te engañó y te humilló públicamente? ¿A un socio irresponsable o corrupto que arruinó tu negocio? ¿A una amiga cercana que te robó a tu novio? ¿A un conductor ebrio que mató a tu hijo?

Muchas veces nuestra incapacidad para perdonar se relaciona con alguien que nos quitó algo que consideramos imprescindible para ser felices. No hay nada malo en lamentar profundamente la pérdida de cualquiera de esas cosas. Sin embargo, cuando no puedes perdonar a alguien, generalmente es porque te quitó algo de lo que dependías para la vida, la felicidad y la seguridad. Te robó algo que crees que nunca podría ser reemplazado, y no puedes dejar de odiar a esa persona por ello.

¿Qué ha hecho que te sientas tan amargado? ¿Qué sucedió en tu pasado que no puedes olvidar? ¿No te tuvieron en cuenta para un ascenso o te quitaron una oportunidad? ¿Abusó de ti tu padre, o te traicionó tu cónyuge o un amigo?

La amargura casi siempre está ligada a la idolatría. Alguien te quitó algo que pensaste que era necesario para la vida.

¿Cuándo te sientes más importante? ¿Cuándo mantienes más en alto tu cabeza? ¿Qué cosas deseas que la gente conozca de ti? ¿Mencionas constantemente tu trabajo, o el trabajo que crees que vas a tener cuando te gradúes, o en qué universidad obtuviste tu título? ¿Siempre buscas formas de mostrar tu casa o tu automóvil? ¿Se llena tu corazón de orgullo cuando hablas de tus hijos? Si eres pastor, ¿te encanta cuando la gente te pregunta qué tan grande es tu iglesia? ¿U odias que te lo pregunten porque es pequeña? ¿Te gusta cuando las personas te comparan positivamente con otros pastores?

Tu identidad es cualquier cosa que te haga sentir más importante. Lo que te hace sentir más importante es a lo que le das más peso.

¿Qué desencadena la depresión en ti? ¿Que tus hijos nunca te llaman? ¿Que tu matrimonio al parecer nunca va a mejorar? ¿Que ya tienes cierta edad y todavía no te has casado? ¿Que no obtienes el reconocimiento que sabes que te mereces?[20] ¿Es acaso lo poco que has logrado en la vida? ¿Es que, independientemente de cuánto te esfuerces, tu iglesia aún no crece?

La depresión se desencadena cuando se nos niega algo que consideramos esencial para la vida y la felicidad.

(Permíteme aclarar que no trato de restarle importancia a los factores fisiológicos de la depresión. A menudo hay algunos. Simplemente digo que a veces nuestra depresión está *alimentada* por nuestra idolatría).

¿En dónde buscas consuelo cuando las cosas te van mal? Tal vez te sumerjas en tu trabajo para olvidar que tu esposa te ignora y que tus hijos se alejan de ti. O quizás encuentres un escape en los brazos de una amante.

¿Algún placer sensual, como la pornografía o la comida como terapia contra la depresión? ¿Tal vez el alcohol o una droga?

Tal vez busques en tu interior una verdad sobre ti que te consuele. Al sufrir desilusiones, a menudo me consolaba recordándome el talento que tenía. En la escuela secundaria, cuando me deprimía porque mi carrera atlética no despegaba, me decía a mí mismo que mi capacidad académica me diferenciaba de los demás.

> San Agustín afirmó que cosas tales como la preocupación, el miedo, la tristeza y la depresión profunda son «humo del fuego» de los altares de nuestra idolatría.

Mi esposa sufrió un leve trastorno alimenticio en la universidad. Sentía que necesitaba poseer un gran cuerpo para tener un valor real. Pero también encontró consuelo en la comida. Se deprimía porque no podía ser feliz si no bajaba de peso, y su depresión la llevó a la comida como terapia contra la depresión. Fue un círculo vicioso, pues dos de sus dioses entraron en conflicto.

¿Revelan estas preguntas ciertos patrones en tu vida? San Agustín afirmó que cosas tales como la preocupación, el miedo, la tristeza y la depresión profunda son «humo del fuego» de los altares de nuestra idolatría. Sigue el rastro de ese humo y verás dónde has sustituido a Dios por otra cosa.

Intentar que Dios sea cómplice de nuestra idolatría

Sorprendentemente, a menudo intentamos que Dios sea nuestro cómplice para alcanzar esos ídolos. Jacobo, el medio hermano de Jesús, dijo que a veces cuando las personas oran, no obtienen lo que piden porque «... piden con malas intenciones, para satisfacer sus propias pasiones. ¡Oh gente adúltera! ¿No saben que la amistad con el mundo es enemistad con Dios?» (Sant. 4:3-4).

Podemos «orar como adúlteros». Esta es una analogía bastante inquietante, pero ¿qué significa? Un adúltero es alguien que encuentra en otra persona la intimidad que debería encontrar en su cónyuge. Somos adúlteros ante Dios cuando le exigimos que nos dé ciertas cosas para poder encontrar en ellas la felicidad, la satisfacción y la seguridad que realmente deberíamos encontrar en Él.

> Somos adúlteros ante Dios cuando le exigimos que nos dé ciertas cosas para poder encontrar la felicidad, la satisfacción y la seguridad que realmente deberíamos encontrar en Él.

- «Dios, ¡*tengo* que casarme o seré un desgraciado!»
- «Dios, *solo tenemos* que tener hijos»
- «Dios, ¿por qué *no me has* sanado? No es justo»
- «Dios, *tengo* que ingresar a la escuela de medicina»

Pedir cualquiera de estas cosas no está mal, pero cuando nuestro gozo *depende* de obtenerlas, nos hemos convertido en adúlteros espirituales. Les damos un peso que solo deberíamos darle a Dios. Y le pedimos a Dios que nos ayude en el proceso de obtenerlas.

Imagínate que le dijera a mi esposa: —Cariño, ¿recuerdas que el 28 de julio del 2000 prometiste satisfacer mis necesidades sentimentales y sexuales?

—Sí.

Entonces continúo: —Bueno, he decidido que lo que necesito para satisfacerme sentimental y sexualmente es tener una aventura. ¿Puedes resolver este asunto?

¿Cómo es probable que reaccione mi esposa ante esa proposición?

Si no la conoces, ten por seguro que esa sería probablemente la última conversación entre nosotros, y punto. Cuando nos casamos, ella prometió satisfacer estos deseos para mí en ella misma. No firmó para convertirse en mi alcahueta.

No hace falta decir que Dios no va a ser el alcahuete de nadie.

Nuestros ídolos nos dejan vacíos

Al final, los ídolos nos dejan vacíos porque nuestros corazones fueron creados para Dios. Según las palabras del filósofo, Blaise Pascal, en el siglo XVII, Dios creó nuestros corazones con un vacío. Buscamos algo para satisfacer nuestros más profundos anhelos, pero nada terrenal nos llena, pues el vacío fue creado por la ausencia de Dios. Cualquier cosa con la que sustituyamos a Dios nos deja anhelantes. O, como expresó San Agustín: «Nos has creado para ti, Señor. Nuestros corazones están inquietos, hasta que encuentran su reposo en ti».

Tu corazón fue creado de tal manera que solo el amor eterno de Dios puede satisfacerlo. Tu cónyuge, sin importar

cuán perfecto sea para ti, no puede desempeñar el papel de
Dios en tu vida. Recuerdas esa escena de la película *Jerry
Maguire* donde Tom Cruise le dice a Renée Zellweger: «Me
completas». La mayoría de nosotros soñamos con encontrar a
alguien que nos complete, que haga desaparecer toda nuestra
infelicidad, inseguridad y falta de sentido en la vida.

Después de ver a muchas
personas que se unen en matrimonio y luego se separan
con el paso del tiempo, puedo
decir con confianza que las
personas solteras, inseguras
y solitarias se convierten en
personas casadas, inseguras

> Los problemas
> como la soledad
> y la inseguridad
> no los cura otro
> ser humano; solo
> los cura Dios.

y solitarias. Los problemas como la soledad y la inseguridad
no los cura otro ser humano; solo los cura Dios. Tu alma fue
creada ante todo para Dios, no para el romance. Tu pareja en
el matrimonio, sin importar cuán perfectamente se adapte a ti,
nunca puede desempeñar el papel de Dios en tu vida.

Lo que sucede en la mayoría de los matrimonios es que
tienes a una chica que flota en un mar de soledad y desesperación cuando se le acerca un apuesto salvavidas de más de 6 pies
(1,80 m). Y, por supuesto, hace lo que haría cualquier persona
que se estuviera ahogando: se aferra a él para salvar su vida.
Pero lo ahoga a él también, porque por más que lo intente el
salvavidas no puede satisfacer esas necesidades en su vida. No
está diseñado para hacerlo. Solo Dios puede.

No fuimos creados para otro ser humano, fuimos creados
para Dios.

El dinero (otro ídolo favorito) tampoco puede satisfacernos. Al igual que el matrimonio, el dinero puede ser una
gran bendición de Dios. Pero el dinero no puede proporcionar una seguridad duradera o una satisfacción plena. Tan

solo mira a las personas que tienen dinero: ¿se ven seguras, felices y satisfechas? Hace años escuché que un director general que aparecía en la lista de *Fortune 500*[a] manifestó: «Pasé toda mi vida subiendo la escalera del éxito, solo para descubrir que la había apoyado en el edificio equivocado». Cualquiera que sea el ídolo que elijas, el resultado seguirá siendo el mismo. Los ídolos prometen satisfacción, pero solo traen desencanto. Y eso es solo el comienzo.

La idolatría también produce ansiedad y miedo en nuestro corazón. Vivimos con miedo, pues sabemos que, si nos quitan nuestro ídolo, la vida será triste. La economía podría volver a colapsar y acabar con lo poco que nos queda del dinero para la jubilación. Es posible que nunca nos casemos. Nuestro negocio podría fracasar. Un ser querido podría tener cáncer.

En 1 Juan 4:18 dice que solo el «amor perfecto» echa fuera el temor. Los ídolos no te pueden amar a la perfección, pero Dios sí puede hacerlo. El amor de Dios es perfecto en: a) su intensidad hacia nosotros (Dios no podría amarnos más de lo que ya lo hace); b) su capacidad para satisfacernos (estamos creados para satisfacernos completamente con el amor de Dios); y c) su control de todas las cosas en nuestra vida (sabemos que el Dios que gobierna todo el universo nos ama y nunca nos abandonará, y que controla cada molécula del cosmos para hacer que se cumpla Su plan bueno y perfecto en nuestra vida). Reposar en Su amor perfecto elimina el miedo y la preocupación. Ningún ídolo puede darte eso, porque ningún ídolo es tan amoroso, tan satisfactorio ni tan poderoso.

a. Lista publicada de forma anual por la revista *Fortune* que presenta las 500 mayores empresas estadounidenses de capital abierto a cualquier inversor.

Jesús satisface

Jesús es la única cosa esencial que debemos tener. Él es la vida misma.

Jesús es mejor que el dinero. Dios posee todo el dinero y es nuestro Padre; promete darnos todo lo que necesitamos. Y Dios nunca quiebra ni se declara en bancarrota.

Jesús es mejor que el amor humano. Ni tú ni yo, hemos experimentado jamás una ternura y un afecto como los que Dios nos ofreció cuando nos tomó en Sus brazos en la cruz.

Jesús es mejor que cualquier placer terrenal. Dios es la fuente de todo placer. Los placeres terrenales, según expresó de manera extraordinaria C. S. Lewis, deben funcionar como los rayos del sol que nos llevan de regreso a su fuente.[21] A medida que el rayo calienta nuestro rostro, miramos a través del rayo hacia su fuente. El matrimonio, el sexo, el dinero, los niños, los amigos, la buena comida son sombras y reflejos de la verdadera bondad. Por un tiempo, alguna «nube» puede evitar que un rayo ilumine nuestro rostro. Podríamos permanecer solteros cuando nos gustaría estar casados. Podríamos ser pobres cuando quisiéramos ser ricos. La muerte podría llevarse a uno de nuestros hijos. En ocasiones, algo podría evitar que los rayos del sol llegaran a nuestros ojos, pero el sol en sí permanece en su lugar.

> Jesús es la única cosa esencial que debemos tener. Él es la vida misma.

Después de la primera cita con la que luego se convirtió en mi esposa, un amigo me preguntó mi opinión sobre ella. Tomé una hoja de papel y escribí más de 60 adjetivos que la describían. Puse descripciones, de una sola palabra, sobre su personalidad, su sonrisa, su mente, incluso los dedos de sus pies. Se la mostré y le dije: «Eso es lo que pienso y me voy a casar con ella». Después de comprometernos, busqué esa hoja de papel y la enmarqué. El día de nuestra boda se la entregué con un encabezamiento que decía: «Representas para mí algo que nunca me podrán quitar». Sé que puedo perderla, a ella como tal. Pero *representa* algo que *nunca* me podrían quitar, y esa es la belleza y el amor del Dios Padre. Como expresó Jonathan Edwards: «El placer es el rayo, el amor de Dios es el sol. El placer es la sombra, el amor de Dios es la sustancia. El placer es la corriente, el amor de Dios es el océano».[22]

Jesús es mejor que el poder terrenal. No hay mayor sentido de empoderamiento que saber que el Dios Soberano que dirige cada molécula en el universo obra en todas las cosas para nuestro bien. *Ese* es el poder real.

Jesús es mejor que la popularidad. ¿De qué sirve la fama terrenal si eres famoso solo para un grupo de personas sin importancia? Ser conocido y honrado por el Dios del universo es mejor que la aprobación de millones de pequeños e irrelevantes terrícolas.

John Piper, luego de enumerar una serie de razones similares a las que mencioné anteriormente, expresa: «Y así sucesivamente… En comparación con todo lo que el mundo tiene para ofrecer, Dios es mejor y más permanente. No hay comparación. Dios siempre gana».[23]

Nuestra capacidad de ser felices en todas las cosas es la medida de cuánto creemos en el evangelio

A veces conocemos que Cristo ha eliminado todos nuestros pecados, pero Su aprobación no tiene el peso que debía tener en nuestra vida debido a que otras cosas nos importan más.

El grado de comprensión que tienes del evangelio se mide por tu capacidad para ser feliz en cualquier circunstancia. Si comprendes el verdadero valor de la presencia y la aceptación de Dios, entonces, incluso cuando la vida te vaya realmente mal, tendrás un gozo que te sostendrá, porque reconocerás el valor de lo que tienes en Él. Cuando la vida te golpee en la cara, dirás: «Pero todavía tengo el amor y la aceptación de Dios, un tesoro que no merezco». Y la alegría que encuentras en ese tesoro puede hacer que te regocijes incluso cuando tienes tu nariz rota. Tienes un gozo que ni la muerte ni las privaciones pueden apagar. Es por eso que Pablo pudo decir desde el fondo de una prisión romana: «Alégrense *siempre* en el Señor. Insisto: ¡Alégrense!» (Fil. 4:4, énfasis del autor).

Si el entrenador está contento, yo estoy feliz

En mis años en la universidad, entrenaba a un equipo de fútbol de niños de doce años. Éramos bastante buenos, y estábamos invictos en la temporada. Mis valerosos muchachos avanzaron a la postemporada con una confianza imperturbable. El primer partido se llevó a cabo por la noche, y nadie en el equipo, incluyéndome a mí, pensó que fuera posible una derrota.

Pues bien, nos barrieron. El marcador final realmente no lo reflejó, solo perdimos 3 a 1. Pero el otro equipo dominó absolutamente el campo de juego. Y lo peor de todo fue que su estrella era… una chica. Era la mejor jugadora de doce años que había visto en mi vida. Dominaba el partido. Hacía un tiro tras otro a la portería, y yo ya estaba harto de eso.

Entonces, cuando solo quedaban diez minutos de la segunda mitad, y estábamos debajo en el marcador 2 a 1, llamé a uno de nuestros mejores jugadores defensivos y le dije:

—David, estoy harto de que esa chica haga todos esos tiros a la portería.

—Yo también, entrenador.

—David, tienes una tarea para el resto del juego, y es esa chica. Cada vez que se acerque con el balón a 15 yardas (14 m) de nuestra área penal, quiero que la derribes. ¿Comprendes?

—Sí, entrenador.

—Lo digo en serio, David. Ella es responsabilidad tuya. ¿Me entiendes? No me importa si el que esté a tu lado arde en llamas. Ese no es tu problema. Tu responsabilidad es ella.

—Lo entiendo, entrenador.

Cuando David dio media vuelta para regresar al terreno de juego, añadí: —David, hazlo «legalmente».

Habíamos trabajado en eso durante los entrenamientos. La famosa barrida. Ahora era nuestra única esperanza.

Cuando faltaban solo cinco minutos para el final del partido, aquella pequeña Maradona tomó posesión del balón en el centro del campo y comenzó a avanzar por el lado derecho. Dejó atrás al defensa lateral izquierdo como si fuera invisible. Se abrió camino hacia el centro, y no sé cómo derribó inmediatamente al marcador central. Pero no solo él cayó, también derribó al líbero y al portero. Amagó con su pierna derecha y tanto el líbero como el portero cayeron al suelo. O simplemente se evaporaron, todavía no estoy seguro de qué pasó. Pero ya nada se interponía entre ella y el arco.

Entonces apareció él. Del lado izquierdo de mi visión periférica percibí una imagen anaranjada borrosa que avanzaba en silencio, pero a toda velocidad. Era *David*, el obediente defensa de doce años. Como un bólido se abalanzó sobre ella y la derribó con precisión mortal. La golpeó desde atrás, como un águila que ataca a su presa.

Hubo un ruido sordo, una nube de polvo y después silencio. Un silencio escalofriante. Escuché a lo lejos el graznido de un cuervo. (Podría estar agregando algunos detalles a esta historia para darle dramatismo, pero entiendes la idea).

Fue uno de esos momentos en que todo el mundo se pregunta: *¿Realmente ocurrió esto?* Y luego, de golpe, casi como si un director de cine hubiera gritado «acción», todos estallaron de ira. El equipo contrario estaba enojado porque pensaba que habíamos tratado de sacar del juego a su jugadora estrella. El árbitro estaba enojado; trataba de definir si era apropiado sacarle una tarjeta roja a un niño de doce años y expulsarlo por lo que quedaba de la temporada. Nuestro equipo estaba enojado porque se daba cuenta de que David acababa de regalarle al contrario un tiro penal, que seguramente anotarían. Las mamás de los niños estaban enojadas porque pensaron que el «entrenador psicópata» había hecho que este pobre chico atacara al estilo de «Angry Birds» a una niña inocente.

David se levantó lentamente y, como un pequeño y perfecto caballero, ayudó a la niña a levantarse. Luego, para mi espanto, se volvió hacia mí y me sonrió con el pulgar hacia arriba, lo cual disipó cualquier duda entre los padres sobre quién había ordenado este ataque. (En mi mente, todo lo que escuchaba era la palabra *demanda*).

Saqué a David del juego y le dije: —David, ¿qué estabas pensando? ¿Qué pasa contigo, hijo?

David me miró con el rostro absolutamente inocente de un niño de doce años y manifestó: —Entrenador, pero usted me dijo que la derribara «ilegalmente».

David pensó que lo último que le dije cuando regresaba al juego era que derribara a la chica ilegalmente. «Elimínala, David, y no respetes las reglas».

Hay al menos una cosa que es muy impresionante, incluso conmovedora, respecto a la obediencia de David. Él sabía que su acción podría traer consecuencias graves. Sabía que nos costaría un tiro penal. Sabía que posiblemente le sacarían una tarjeta roja. Sabía que probablemente sus padres lo castigarían, e incluso podrían saltar al terreno de juego e irse contra él después del juego.

No obstante, a él realmente no le importaba ninguna de esas cosas. ¿Qué le importaba? Mi aprobación. En su joven (¿y retorcida?) mente de doce años, pensó: *El entrenador es mi héroe. No importa qué más pase. Si el entrenador está contento, yo estoy feliz.* Estaba dispuesto a enfrentar cualquier consecuencia si yo estaba satisfecho con él.

Jesús debe tener ese tipo de peso en nuestra vida. Obedecerlo es costoso, pero Su presencia y Su aprobación ameritan cualquier cosa que rechacemos o cualquier consecuencia que enfrentemos. Él es así de glorioso. Él es un tesoro que, para obtenerlo, vale la pena abandonar todo lo demás.

Liberado para disfrutar del resto de las cosas

Aprender a satisfacerte en Jesús te liberará para que disfrutes de todo lo demás. Sentirte realizado en Cristo significa que ya no dependes de otras cosas para la vida y la felicidad. Eso significa que puedes disfrutarlas, porque ya no estás esclavizado por ellas. Ya no te aterroriza la posibilidad de perderlas. Y puedes decirles «no» cuando no son la voluntad de Dios.

La gran ironía es que realmente solo puedes comenzar a disfrutar del dinero, el romance y el sexo cuando no dependes de ellos para la vida. C. S. Lewis lo expresó así: «En la vida hay cosas esenciales (Dios) y cosas secundarias (todo lo demás). Si priorizas las cosas esenciales, también obtendrás las cosas secundarias. Si pones en primer lugar las cosas secundarias, no solo perderás las cosas esenciales, sino que también perderás las secundarias».[24] Cuando Jesús es tu vida, puedes comenzar a disfrutar el resto de tu vida.

Cuando estés satisfecho con la presencia y la aprobación de Dios en tu vida, ya no te obsesionarás con lo que los demás piensen de ti. Podrás dejar de ocultar tus fallas y comenzarás a vivir con autenticidad. Permitirás que la gente vea cómo realmente eres, con todos tus defectos e imperfecciones, porque ya no dependerás de su admiración para la realización personal. Esta es una verdad revolucionaria y liberadora: en Cristo, tienes todo lo que necesitas para el gozo eterno. Su aprobación y Su presencia son todo lo que necesitas para la vida y la felicidad.

Él es el *único* que debería desempeñar el papel de Dios en nuestra vida. No tiene pares, ni iguales, y no quiere compartir el puesto de «Dios» con nadie.

Si eres como yo, probablemente debas recordarte esto todos los días:

Tu presencia y tu aprobación son todo lo que necesito para el gozo eterno.

CAPÍTULO 6

Transformado por la visión

La vista es una de esas cosas que no valoré adecuadamente hasta que tuve que enfrentar la posibilidad de perderla.

Poco después de casarme, escuché un anuncio en la radio sobre un doctor que realizaba cirugía ocular con láser a un precio irrisorio. No se me ocurrió pensar que poner mis ojos en manos de quien menos cobrara fuera realmente una mala idea.

Creo que la correa atada alrededor de mi cabeza fue lo que finalmente me hizo cobrar conciencia de lo que iba a suceder. De pronto se hizo evidente que estaban a punto de quitarme la córnea y reformar mi retina con un láser de incineración de alta potencia.

Entonces, impotente, vi cómo el diminuto bisturí cortaba la córnea de mi ojo derecho (entiendo que no es algo que uno *quisiera* ver... pero, ¿hacia dónde más se puede mirar en ese momento?). Después de quitarme la córnea, me aplicaron unas luces caleidoscópicas durante dos minutos, al mismo tiempo que percibía un curioso olor a goma quemada, y aunque dos minutos no parecen mucho tiempo, parecen días cuando tu córnea está en una placa de Petri en la mesa de al lado.

Lo único que podía pensar todo el tiempo era: *¿Y si hay un terremoto?* No son comunes en Carolina del Norte, donde vivo, pero he visto suficientes episodios de los Mega desastres inesperados del History Channel como para saber que no hay forma de predecir cuándo ocurrirá el próximo gran terremoto. Afortunadamente, no hubo ninguno. Y todo el proceso, para ambos ojos, duró solo unos quince minutos. El doctor me colocó la córnea en su lugar, le aplicó un poco de pegamento para ojos, me sentó y, desde entonces, he tenido una agudeza visual de 20/20.

Para los que están considerando la cirugía ocular con láser, anímense.

Me doy cuenta de que probablemente no estuve en peligro de no volver a ver nunca más. Pero mientras duró la cirugía, tuve tiempo para reflexionar sobre el valor de mi vista. Sin la visión, hay muchas cosas de la vida que nos perderíamos. No conoceríamos las bellezas del color o la majestuosidad de una puesta de sol. No se llenarían de emoción nuestros corazones al ver una expresión de alegría en los rostros de nuestros hijos o la mirada afectuosa de nuestro cónyuge.

La visión espiritual es aún más importante. Es cómo percibimos a Dios. Sin visión espiritual te pierdes el espectáculo más glorioso del universo. Y lo trágico es que si eres espiritualmente ciego no tienes idea de que te estás perdiendo algo.

Una vez que abrimos los ojos a la belleza de Dios, podemos realmente comenzar a comprender la segunda parte de «La oración del evangelio»:

Tu presencia y tu aprobación son todo lo que necesito para el gozo eterno.

El apóstol Pablo afirma que la visión espiritual es lo que nos transforma. Ver el amor de Dios y la gloria de Cristo es lo que reestructura nuestros corazones y reordena nuestros deseos (2 Cor. 3:18; 4:4).

Es por eso que dos veces en la Epístola a los Efesios Pablo le pide a Dios que le dé a los efesios visión espiritual. Expresó:

«Pido que el Dios de nuestro Señor Jesucristo, el Padre glorioso, les dé el Espíritu de sabiduría y de revelación, para que lo conozcan mejor. [...] que les sean iluminados los ojos del corazón para que sepan a qué esperanza él los ha llamado [...] y cuán incomparable es la grandeza de su poder...» (Ef. 1:17-19).

Y que «Puedan comprender [...] el amor de Cristo» (Ef. 3:18).

La segunda oración de Pablo viene justo en el medio de la Epístola a los Efesios. Los tres primeros capítulos son doctrina profunda del evangelio; los tres últimos son instrucciones muy importantes para la vida. Los maestros cristianos a menudo debaten cuál es más importante, la doctrina o la aplicación. Sospecho que Pablo diría que, si bien ambas son relevantes, lo más importante de todo es ver la belleza y la gloria de Dios reveladas en el evangelio. Cuando se ve la gloria de Dios en el evangelio, los cambios ocurren naturalmente. Entonces, el objetivo de la predicación no es trasmitir la información ni instruir sobre la aplicación. El objetivo de la predicación es la adoración.

La doctrina ayuda a describir al Dios que debemos ver; la aplicación nos ayuda a entender cómo amar al Dios que

> La doctrina ayuda a describir al Dios que debemos ver; la aplicación nos ayuda a entender cómo amar al Dios que hemos visto.

hemos visto. Pero ambas son inútiles si los ojos del corazón no se han abierto para ver y degustar la belleza de Dios.

Ver lo que vio Israel

Así como Pablo oró por los efesios, lo primero que hizo Dios cuando sacó al pueblo de Israel de la esclavitud en Egipto fue abrirles los ojos para que vieran quién es Él. Éxodo 19 dice que descendió sobre el Monte Sinaí, y lo envolvió en humo y densa oscuridad. Truenos y relámpagos llenaron los cielos. Se escuchó un sonido como de una trompeta, que se fue haciendo cada vez más fuerte hasta que fue casi insoportable.

Dios le dio a Moisés instrucciones estrictas de que nadie tocara el monte, nadie, ni siquiera un animal. Si alguien cruzaba el cerco alrededor del monte, moriría.

Entonces Dios les habló desde el monte y les recordó que eran una posesión preciada para Él, y que los había traído hacia Él como sobre «alas de águila» al librarlos de la esclavitud.

Cuando el pueblo vio esto, reaccionó de la siguiente manera: «… y *tembló* todo el pueblo que estaba en el campamento» … y creyeron (Ex. 19:16, LBLA, énfasis del autor).

> El temor reverencial combinado con la intimidad son la esencia de la adoración cristiana.

Como resultado de creer, la Biblia recoge en 19:8, y nuevamente en 24:3, que el pueblo expresó: «Cumpliremos con todo lo que el Señor nos ha ordenado». He aquí la progresión: El pueblo vio. El pueblo creyó. El pueblo obedeció.

Aquel día vieron el tamaño sobrecogedor de Dios, Su santidad intocable y Su tierna misericordia. Esa visión produjo temor de Dios y fe en Él. Fue el sobrecogimiento y el asombro mezclado con la intimidad. El inaccesible Dios también era su tierno Padre. El temor reverencial combinado con la intimidad son la esencia de la adoración cristiana. Y luego se comprometieron a obedecer.

Ver realmente esas tres cosas, el tamaño asombroso de Dios, Su santidad intocable y Su tierna misericordia, es lo que también nos transformará.

La grandeza impresionante de Dios

En los truenos, los terremotos y los relámpagos, vieron que Él era el Dios que controlaba los magníficos poderes de la creación.

Hay algo en las increíbles manifestaciones de la naturaleza que te da una idea de lo asombroso que es Dios. ¿Alguna vez has mirado al cielo nocturno y has pensado en lo grande que es el universo? Los astrónomos nos dicen que si la distancia entre el sol y la tierra fuera del espesor de una hoja de papel, entonces la distancia entre la tierra y la estrella más cercana sería como una pila de papel de 70 pies (poco más de 21 m) de altura. La distancia de extremo a extremo de nuestra galaxia sería una pila de papel de 310 millas (499 km) de alto. Y nuestra galaxia es solo una de cientos de miles de galaxias en el universo conocido.

Hay un Dios detrás de todo esto. Un Dios que lo creó todo con una palabra y lo sostiene todo en la palma de Su mano. Las moléculas obedecen todas Sus palabras. Las estrellas nacen y mueren a Su antojo.

Él es tan grande que literalmente no puedes exagerarlo. Las impresionantes manifestaciones de la naturaleza (volcanes, tormentas eléctricas, atardeceres, tornados, tsunamis) nos lo recuerdan.

Los israelitas vieron eso en el Monte Sinaí.

Creo que la mayoría de la gente ha perdido hoy el sentido de la grandeza de Dios. Reducimos a Dios a una deidad domesticada de clase media que podemos explicar y controlar. No es así. El Dios infinito sobrecoge la mente. Cuando tratamos de reducirlo a alguien que puede ser explicado y controlado, en realidad limitamos la capacidad de las personas para creer en Él. Charles Misner, uno de los alumnos de Einstein, explicó que la razón por la que Einstein nunca creyó en el Dios cristiano tuvo mucho que ver con la forma en que los predicadores cristianos de su época hablaban de Dios:

> *El diseño del universo es muy imponente y esto debe tenerse en cuenta. En realidad, creo que es por eso que Einstein le dio poco valor a las religiones organizadas, aunque me pareció que en esencia era un hombre muy religioso. ¡Einstein debe haber escuchado lo que los predicadores decían sobre Dios y pensado que estaban blasfemando! En la creación del universo, él había visto más majestuosidad de lo que nunca había imaginado, y sentía que el Dios del que le hablaban no podía ser el real. Mi suposición es que simplemente pensaba que las iglesias que había conocido no tenían el debido respeto por el Creador del universo.*[25]

Cuando hablamos de Dios, hablamos de un Dios cuyo grandeza, fuerza, sabiduría y poder van mucho más allá de los nuestros. Quizás una de las razones por las que no lo apreciamos como se debe es que tenemos una visión muy limitada de Él. Dios es un Dios de grandeza tan enorme que nuestras mentes dejan de dudar cuando lo vemos. Temblamos y creemos.

La santidad intocable de Dios

Nadie podía tocar el monte, Dios expresó: «No podrás ver mi rostro [...] y seguir con vida» (Ex. 33:20).

Dios es de tal perfección infinita que ni el más mínimo pecado puede ser tolerado en Su presencia. Cuando Isaías, el profeta de Dios, vio a Dios en Su trono, se postró aterrorizado, y dijo: «Estoy perdido, he visto al Señor» (Isa. 6:5, paráfrasis del autor). Cuando Uza extendió su mano para sostener el arca de Dios donde moraba Su Espíritu, fue herido de muerte.

Dios es un Dios cuya santidad y perfección es tan completa que el pecado no puede existir en Su presencia. La gente a menudo habla con ligereza sobre «ver a Dios». Si Dios arrancara el techo del lugar donde estás sentado ahora y vieras Su rostro, morirías inmediatamente. Estar en la presencia de Dios con el pecado sería como un pañuelo de papel que tocara la superficie del sol.

Ver y sentir la santidad de Dios hizo temblar a Israel.

A menudo pensamos que le hemos hecho un favor a Dios al restarle importancia a la idea de Su juicio. Nuestro Dios de fácil manejo no castiga el pecado. Ciertamente

> El infierno es lo que es porque eso es lo que merece el pecado contra un Dios infinitamente bello y glorioso.

no envía a las personas al infierno. Pero el infierno nos da una imagen de la absoluta perfección y belleza de Dios. El infierno es lo que es porque Dios es quien es. El infierno es lo que es porque eso es lo que merece el pecado contra un Dios infinitamente bello y glorioso. El infierno no es un grado más ardiente de lo que nuestro pecado requiere que sea. El infierno debería dejarnos boquiabiertos ante la santidad recta y justa de Dios.

¿Alguna vez has escuchado a alguien decir que Dios no debe ser «temido», solo respetado? Te sería difícil convencer de eso a los israelitas después de su encuentro con Él cerca del monte. Este encuentro tenía el *propósito* de causar miedo. Solo cuando vemos la santidad de Dios (una visión que debería aterrorizarnos) nuestros corazones aprenden a adorarlo. Un Dios que puede satisfacer nuestras almas es un Dios tan infinitamente bello que el pecado contra Él requiere un castigo severo e infinito.

> La verdadera adoración comienza con el temor. No termina allí, pero allí es donde comienza.

¿Comprendes cuán absolutamente puro y perfecto es Dios? ¿Te das cuenta del peligro que significa la presencia del pecado en tu corazón? Imagina que estás bebiendo un vaso de leche y te dijeran que contiene unas gotas de sangre humana infestada con el VIH. No es grave, pero llevar ese vaso de leche a tus labios te repugnaría. Estamos frente a Dios completamente contaminados por el pecado. El pecado no puede existir en la presencia de Dios. Israel tenía buenas razones para sentir miedo.

La verdadera adoración comienza con el temor. No termina allí, pero allí es donde comienza.

La tierna misericordia de Dios

Cuando Israel tembló ante la enormidad y la santidad absoluta de Dios, una voz les habló desde el monte, y les expresó estas tiernas palabras:

> «Vosotros habéis visto [...] cómo os he tomado sobre alas de águilas y os he traído a mí. [...] [Son] mi especial tesoro [...]. Yo soy el SEÑOR tu Dios,

que te saqué de la tierra de […] servidumbre»
(Ex. 19:4-5; 20:2, LBLA).

Dios les declara: «Vi tu sufrimiento y oí tus llantos. Te
cargué con ternura, como un padre recoge a un hijo herido en
un accidente, y te traje a mí».

Hay una imagen que veo con frecuencia en las noticias y
que siempre me conmueve, sea cual sea el contexto. Las cáma-
ras están en la escena de alguna tragedia, y captan la imagen
de un padre que saca en sus brazos el cuerpo ensangrentado
de su hijo de entre los escombros. Tal vez sea porque ahora soy
padre de cuatro hijos, pero ver a un padre que ha asumido el
dolor de su hijo me conmueve en lo más profundo de mi alma.

Y me encanta la palabra *tesoro*. Dios los llama Su especial
«tesoro». Atesorar algo o considerarlo un tesoro significa que
renunciarías a cualquier cosa por ello. Si descubriera que mis
hijos han contraído una rara enfermedad, y que la única esperanza es una costosa medicina que el seguro médico no paga-
ría, lo vendería todo para conseguir esa medicina. ¿Por qué?
Porque los considero un tesoro.

El Poderoso Dios del
universo, el Dios que lo tiene
todo y no le falta nada, llama
a un pueblo indefenso y culpable Su «tesoro». Escuchó
sus llantos, vio su dolor y los rescató.

> Solo se me ocurre
> una palabra para
> describir a Dios: bello.

Solo se me ocurre una palabra para describir a un Dios
tan absolutamente perfecto que un pecado en Su presencia
lleva inmediatamente a la aniquilación, pero tan tierno en Su
misericordia que se suma a nuestro dolor y nos rescata: *bello*.

La visión destruye el poder del pecado

La respuesta de Israel a esta revelación fue «creer» y «temblar». Expresaron: «Cumpliremos con todo lo que el Señor nos ha ordenado». Como resultado de lo que vieron, este era el Dios que querían conocer y obedecer.[26] Cambiaron. No solo en su comportamiento, sino en sus *deseos*. Querían conocer y obedecer a Dios.

Cuando vemos la grandeza y la belleza del Dios que nos habla, se quiebra el poder que tiene el pecado y la idolatría sobre nuestros corazones.

La forma en que dejaremos de pecar no es que se nos diga una y otra vez: «¡Deja de pecar!». Esto sucederá cuando veamos la majestuosidad y la gloria de Dios en nuestros corazones.

«¡Pero aguarda! —podrías decir—. La Biblia está llena de órdenes y prohibiciones. ¿No es el objetivo de la Biblia que uno deje de pecar?».

Sí. Pero dejar de pecar es la *consecuencia* de ver a Dios. Cuando vemos la belleza de Dios y sentimos Su peso en nuestros corazones, nuestros corazones comienzan a desearlo más de lo que deseamos el pecado. Antes de que la Biblia diga: «Deja de pecar», dice «¡He aquí tu Dios!».

Piensa que esto es como un globo. Hay dos maneras de hacer que flote en el aire. Si lo llenas con el aire de tus pulmones, entonces la única manera de mantenerlo flotando es que lo golpees continuamente hacia arriba. Así es como la religión te mantiene motivado; te «golpea» repetidamente. «¡Deja de hacer eso!». «¡Ocúpate de aquello!». Esa es mi vida como pastor. La gente viene los domingos para que yo pueda «abofetearlos» por algo. «¡Sean más generosos!». Y lo son durante una semana. «¡Participen en misiones!». Y se inscriben para un viaje misionero. Cada semana vuelvo a impulsarlos a la órbita espiritual. No es de extrañar que a la gente no le guste estar cerca de mí.

Sin embargo, hay otra forma de hacer que el globo flote. Llenarlo con helio. De este modo flota solo, no es necesario golpearlo. Ver la grandeza y la belleza de Dios es como el helio, nos mantiene en ascenso espiritual.

Cuando hayas visto la belleza de Dios y hayas sentido el peso de Su majestuosidad en tu alma, el poder del pecado sobre ti se quebrará. A menudo les digo a los muchachos de edad universitaria en nuestra iglesia que pueden encender y apagar sus impulsos sexuales como un interruptor de la luz. Nunca me creen.

> Cuando hayas visto la belleza de Dios y hayas sentido el peso de Su majestuosidad en tu alma, el poder del pecado sobre ti se quebrará.

Les digo: —Se los demostraré. Imaginen que están a solas con su novia, sentados con ella en el sofá de su casa. Sus deseos sexuales comienzan a tomar el control y sienten que no hay forma de que puedan controlarlos. En ese momento, se sienten totalmente fuera de control, como si no hubiera forma de decir «no» al poder de la tentación.

—Exactamente —me dicen.

Entonces añado: —En ese momento, el padre de la chica, que es un comando del ejército, entra en la habitación… ¿Ven? ¡Se apagó el deseo sexual, como con un interruptor de la luz!

¿A dónde fue a parar? No es que de repente perdieran la libido, es que en ese momento el miedo al padre de la chica fue más importante para ellos que la lujuria sexual. El deseo de evitar la muerte fue mayor que el deseo sexual.

La razón por la que muchos de nosotros sentimos que «no podemos decir no» a las tentaciones es que Dios no tiene ese tipo de peso en nuestros corazones. La autoridad de Dios debe ser mayor que nuestros deseos; Su belleza debería ser más atractiva que cualquier deseo de la carne. En otras palabras, la

razón por la que no podemos decir no a la tentación no es que
nuestros deseos por esas cosas sean demasiado grandes, sino
que nuestro deseo de Dios es demasiado pequeño.

Para poder decirle no a los deseos de la tentación, necesitamos desarrollar un deseo más fuerte por Dios. Los impulsos
menores solo pueden ser expulsados por impulsos más fuertes.
El puritano, Thomas Chalmers, lo llamó «el poder expulsivo
de un nuevo afecto». Nuestro afecto por los ídolos solo se controla cuando es desplazado por un afecto más fuerte y
encantador.

> Nuestro afecto por
> los ídolos solo se
> controla cuando es
> desplazado por un
> afecto más fuerte
> y encantador.

Hasta que eso suceda, to-
dos los cambios que hagamos
serán superficiales. Obedece-
remos solo cuando pensemos
que existe una amenaza de
castigo o la promesa de una
recompensa. Este tipo de
obediencia es tediosa, tanto
para Dios como para nosotros. Forzamos nuestro corazón a
buscar lo que no quiere buscar.

La mayoría de la gente vive en un doble cautiverio: son
cautivos de los deseos pecaminosos del corazón; pero también
son cautivos de las reglas de su religión. El pecado los hace desear lo incorrecto; su religión les impide hacer lo que desean.
Ver la gloria de Dios revelada en el evangelio nos libera tanto
del pecado como de la religión. El evangelio nos libera de la
amenaza de la condenación y cambia nuestros corazones para
que deseemos conocer y servir a Dios.

Puedes decir: «¡Pero aguarda! Si las personas piensan que
Cristo ya ha cargado con todo el castigo por su pecado y no
existe amenaza de castigo, entonces harán lo que quieran».

Bueno, al menos ahora estamos haciendo la pregunta correcta. Esta es exactamente la objeción que Pablo esperaba

después de explicar el evangelio en Romanos 1–5. Su respuesta es: si las personas solo quieren buscar el pecado, eso indica que sus corazones están espiritualmente muertos (Rom. 6:1-2). Pablo afirma que la respuesta no es imponerle las reglas. Si tu corazón ama el pecado, entrégate a la misericordia de Dios y pídele que cambie tu corazón para que abrace Su justicia que se te ha dado como una dádiva. Solo entonces tu corazón cambiará. La bondad de Dios, dice Pablo, es lo que produce verdadero arrepentimiento en nosotros (Rom. 2:4).

La liberación del pecado, como ves, es *odiar* el pecado. Así lo expresó Ignacio de Antioquía, uno de los padres de la iglesia primitiva: «Es imposible que un hombre se libere (verdaderamente) del hábito del pecado antes de odiarlo». Solo odiarás el pecado cuando comiences a amar a Dios. Aprendes a amar a Dios al ver Su belleza y Su amor por ti revelados en el evangelio.

Los líderes de la iglesia encarcelaron a John Bunyan, el autor de *El progreso del peregrino*, por predicar el evangelio. Le dijeron: «No puedes seguir diciéndole a la gente que la justicia de Cristo se les ha otorgado completamente. ¡Si creen eso, sentirán que pueden hacer lo que quieran!». Bunyan respondió: «Si la gente realmente comprende que la justicia de Cristo les ha sido otorgada en su totalidad como un don, harán lo que *Él* quiera».

«Entonces, ¿dónde "podemos" ver a Dios?»

«Entonces —me preguntas—: ¿Dónde podemos ver a Dios de esa forma? ¿Dónde está nuestro monte donde Dios desciende ante nosotros en medio del fuego?».

Buena pregunta. No te estoy diciendo que busques la película *Los diez mandamientos* de Cecil B. DeMille y la veas una y otra vez. El monte en Éxodo 19, por impresionante que fuera, era solo una tenue sombra de un monte posterior donde se revelaría la gloria de Dios: el monte llamado Gólgota. Más de 1400 años después de que Dios apareciera en el Monte Sinaí, Jesús subiría a otro monte para exhibir la gloria de Dios. Al igual que el Sinaí, el Gólgota estuvo cubierto por una densa nube de oscuridad cuando Dios apartó Su rostro. En la cruz, Jesús soportó el trueno del juicio de Dios y absorbió el relámpago de Su ira en Su cuerpo. El fuego de la santidad de Dios ardió en el cuerpo de Cristo hasta que lo consumió por completo. Sobrepasamos los límites de la santidad de Dios, y Jesús murió por ello. Cuando Jesús murió, la tierra tembló literalmente, y lo último que Jesús hizo desde la cruz fue gritar, con una voz como una trompeta: «Todo se ha cumplido».

El monte cubierto de fuego de Éxodo 19 era una imagen del Monte Gólgota, donde Jesús nos dio la visión más clara y completa de la gloria de Dios.

En la cruz vemos la magnanimidad de la gracia de Dios. Lo que hizo allí no fue simplemente llevarnos como sobre alas de águila para librarnos del peligro; allí nos rescató de las fauces de la muerte y ocupó Él mismo nuestro lugar. Supón que te encuentras aproximadamente a media milla (800 m) de la Presa Hoover, esa enorme estructura que contiene inmensas cantidades de agua. Imagínate que de repente ves una grieta que aparece en el muro de contención de la presa, el muro se quiebra y una aterradora ola de 500 pies (150 m) de altura se precipita por el cañón del río hacia ti. La muerte es segura. Pero de repente, justo antes de que la ola te aplaste, el suelo frente a ti se abre y se traga cada onza de agua, para que ni una gota te toque. Cuando Jesús murió en la cruz, se interpuso entre nosotros y la riada de la justa ira de Dios. Absorbió cada gota en sí mismo, de modo que no quedara ninguna para ti ni para mí. Bebió la copa de la ira de Dios hasta el fondo, la volteó y dijo: «Todo se ha cumplido».

Hizo eso por ti porque eres un tesoro para Él.

En la cruz vemos la inmensidad del poder de Dios. El evangelio revela un poder incluso mayor que el poder de la creación. Es el poder de la nueva creación; redimir del pecado y regenerar la vida de la muerte. Pablo llama al evangelio «poder de Dios» (Rom. 1:16). ¿Sabías que a nada más en la Escritura, excepto a Cristo mismo, se le llama directamente «poder de Dios»? Piensa en esto: El sol tiene 9900 grados Fahrenheit (5500 °C) en la superficie y 27 000 000 °F (15 000 000 °C) en su núcleo. Las olas de un tsunami se elevan a 100 pies (unos 30 m) de altura y viajan a más de 80 millas (129 km) por hora, destruyendo todo a su paso. Se dice que una estrella recientemente descubierta viaja en el espacio a 1 500 000 millas (2 414 920 km) por hora. Sabemos de volcanes que arrojan lava hasta 17 millas (27 km) de altura en la atmósfera y cuyas erupciones se pueden escuchar a más de 3000 millas (unos 4800 km) de distancia.[27] Una hebra de ADN humano, invisible para nuestra vista, contiene suficiente información para llenar 1000 libros de 500 páginas. A ninguna de estas cosas se le llama «poder de Dios». Sin embargo, Dios llama «Mi poder» a la obra victoriosa realizada por Jesús al quitar nuestro pecado para siempre y alzarse triunfante de la tumba.

A medida que veas y creas ese evangelio, su poder te inundará. Comprendes, el evangelio no solo nos habla del poder de Dios; el mensaje del evangelio es *en sí mismo* el poder de Dios. Mediante el poder del Espíritu, el evangelio crea de nuevo nuestros corazones para que amen las cosas que Dios ordena. Es como la orden que Jesús le dio al hombre inválido. Cuando le dijo: «Levántate, recoge tu camilla y anda», no solo le estaba dando una orden, sino que también le

> El evangelio no solo nos habla del poder de Dios; el mensaje del evangelio es en sí mismo el poder de Dios.

dio el poder para obedecerla. De la misma manera, el Dios del evangelio nos da el poder para hacer lo que Él ordena.

Creer que el evangelio no es solo la manera en que nos convertimos en cristianos, es el poder que nos permite hacer en cada momento de cada día las cosas que Jesús nos ordena que hagamos.

La visión de Mahmud

Una noche, cuando vivía en un país islámico, recibí una llamada telefónica de un desconocido llamado Mahmud. Me explicó que había tenido un sueño muy importante, y pensaba que yo debía ayudarle a interpretarlo. En su sueño, se veía vagando perdido en un campo sin fin. Me dijo que este campo parecía simbolizar su vida. Se sentía solo, sin propósito ni dirección. Después de caminar durante lo que le parecieron días, escuchó una voz a su espalda que decía su nombre. Entonces vio a un hombre que, según sus palabras, «estaba vestido con una ropa blanca brillante y no podía mirarlo a la cara, porque brillaba como el sol». Este hombre celestial metió su mano en la faja de su túnica, sacó una copia del evangelio e intentó ponerla en las manos de Mahmud. «Esto —le dijo el hombre a Mahmud, y lo llamó por su nombre—, te sacará de este campo».

Mahmud se negó a aceptarla. Era un fiel musulmán, y no deseaba poseer «literatura cristiana». Se despertó sudoroso, su corazón latía rápidamente y estaba muy asustado. Me dijo que sentía como si hubiera rechazado a un profeta y no sabía qué hacer.

Cuando se durmió la segunda noche, se vio de nuevo en el campo. De nuevo apareció el «hombre» y le ofreció a Mahmud otra copia del evangelio. Y nuevamente Mahmud la rechazó.

La tercera noche, cuando Mahmud se durmió, el hombre estaba allí esperándolo. «Esto, y solo esto —le dijo—, te sacará de este campo». Con mano temblorosa, Mahmud tomó el evangelio que le ofrecía el hombre.

Entonces Mahmud me dijo: —Un amigo afirma que eres un experto en el evangelio. ¿Puedes interpretar mi sueño? No es broma. Eso es lo que Mahmud me pidió.

Pero yo crecí en un hogar bautista muy tradicional, y los sueños o las visiones no eran parte de nuestro repertorio religioso habitual. De modo que le dije: «Mahmud, no creo en visiones ni en sueños...».

No, esa no fue mi respuesta.

Lo miré y le dije: —Hermano, estás de suerte, la interpretación de los sueños resulta ser mi don espiritual.

Durante las dos horas siguientes le expliqué el evangelio. Aunque todavía tenía preguntas, Mahmud realmente no dudaba de las respuestas que yo le daba. ¡Después de todo, un mensajero divino le había ordenado que escuchara! Cuando le expliqué cómo Jesús había cargado con su pecado en la cruz, dijo, con lágrimas en su rostro:

—¿Alá... El Dios Creador, murió en mi lugar? ¿Puede ser esto cierto? ¡Oh, *Allahu Akbar, Allahu Akbar*! (Lo que los musulmanes dicen cuando alaban a Dios, que significa literalmente, ¡Dios es el más grande!).

Era evidente que había creído, así que le pregunté si le gustaría poner su fe en Jesús. Cuando dijo que sí, le pregunté si sabía lo que tal compromiso podría costarle.

—Mahmud —le dije—: Podrías perder tu trabajo. Es posible que te echen de tu familia. Este compromiso con Cristo podría incluso costarte la vida.

Nunca olvidaré sus palabras.

Sonrió y dijo: —Por supuesto que sé todo eso. Por eso me llevó más de un mes venir a hablar con usted, porque sabía que, si me convertía en un seguidor de Jesús, podría costarme todo... Pero si Jesucristo es Dios, y Dios se entregó de esa forma por mí en la cruz, iré a cualquier lugar con Él. Si pierdo mi trabajo, mi familia o mi vida, no importa. Yo iría con Jesús a cualquier parte.

Es posible que nunca hayas tenido en tus sueños una «visión» de Jesús como esta. Yo tampoco la he tenido. Si bien nuestra experiencia puede no ser tan impresionante, nuestra respuesta a Jesús no debe ser menos rotunda. Pablo afirma que vemos la gloria de Dios en el rostro de Jesucristo que se nos presenta en los Evangelios. Lo que vemos allí es mejor que un sueño o una visión. Convertirse en un seguidor de Jesús significa tener el corazón tan fascinado por la belleza, la majestuosidad y el valor del regalo que Dios hace de sí mismo para ti, que conocerlo y agradarlo se convierte en la pasión que impulsa tu corazón. Incluso si te cuesta todo lo demás.

¿Qué ocurre contigo?

> Arrodíllate, abre las páginas de los Evangelios y ora para que el Jesús que se pasea por las páginas de Mateo, Marcos, Lucas y Juan te permita vislumbrar Su verdadera majestuosidad.

¿Sientes de esta manera el peso de la majestuosidad de Dios en tu alma? Es posible que hayas leído la Biblia miles de veces, pero ¿alguna vez te has sentido tan sobrecogido por la exhibición del poder y la gloria de Dios que has temblado? Antes de que el cristianismo te diga que *hagas* algo, te llama a sentirte maravillado y lleno de asombro por lo que Dios ha hecho *por ti*.

¿Ha quedado prendado tu corazón de la gloria y la belleza de Dios? ¿Te sientes abrumado por un sentimiento de sobrecogimiento *y* atraído por un sentimiento de intimidad? Si no es así, ¿por qué no te arrodillas ahora mismo y le suplicas a Dios que abra los ojos de tu corazón para que puedas verlo como realmente Él es? Mejor aún, ¿por qué no te arrodillas, abres las páginas de los Evangelios y oras para que el Jesús que se pasea por las páginas de Mateo, Marcos, Lucas y Juan te permita vislumbrar Su verdadera majestuosidad? Nunca serás el mismo. Y repetirás estas palabras una y otra vez, ahora con todo tu corazón:

Tu presencia y tu aprobación son todo lo que necesito para el gozo eterno.

CAPÍTULO 7

Relaciones centradas en el evangelio

¿Cuál es la señal definitiva que se aprecia en aquellos que son salvos? A medida que fui creciendo, escuché muchas respuestas a esa pregunta. En una iglesia que visité, me dijeron que, si uno era realmente salvo, esto se manifestaría en: a) un cambio en tu forma de hablar; b) la forma en que te vistes (si eras un niño, quitarte los pendientes, cortarte el pelo y usar pantalones de vestir con pinzas); c) un odio repentino e intenso por la cerveza, los cigarrillos y Disney; y d) una preferencia por la música con poco o ningún toque de batería.

La mayor parte de eso es algo ridículo. Pero el evangelio trae un cambio inconfundible en tu vida.

La tercera parte de «La oración del evangelio» es:

Como has sido conmigo, así seré con los demás.

Es imposible experimentar realmente la gracia del evangelio y no transformarse en una persona amable, generosa y amorosa. Cuando experimentamos la generosidad del evangelio, extendemos naturalmente esa generosidad a los demás. Nos convertimos en personas con un espíritu generoso, y eso influye en la forma en que tratamos a los demás y en lo que hacemos con nuestro dinero, tiempo y talentos.

La gracia y Víctor Hugo

Una de mis escenas fílmicas favoritas de todos los tiempos es la secuencia con la que comienza la versión cinematográfica de 1998 de *Los miserables* de Víctor Hugo. Liam Neeson hace el papel de Jean Valjean, un delincuente amargado que acaba de salir en libertad condicional de un campo de trabajos forzados en Francia.

Tarde en la noche, Valjean llega por casualidad a la casa de un sacerdote quien lo invita a entrar y le ofrece comida y refugio. Esa noche, Valjean se roba toda la vajilla de plata de la casa. El sacerdote se levanta al escuchar un ruido y Valjean lo golpea en la cara y lo derriba. Luego se va con la plata robada.

Temprano, a la mañana siguiente, la policía lleva a Valjean de regreso a la casa del sacerdote. El guardia, en tono burlón, le comenta: «¡Nos dijo que usted le regaló estos cubiertos de plata!». Al ser un prisionero en libertad condicional, si el sacerdote confirmaba que le había robado los cubiertos, Valjean volvería a prisión, de por vida.

El sacerdote, con la cara todavía magullada y ensangrentada por lo ocurrido la noche anterior, mira a Valjean y dice: «¿Sí, por qué? Yo se los regalé». Y luego agrega inesperadamente: «Estoy muy enojado contigo, Jean Valjean, porque olvidaste los candelabros. ¿Por qué te olvidaste de los candelabros? Valen casi 2000 francos».

El guardia ordena de inmediato que liberen a Valjean. Mientras tanto, Valjean se queda estupefacto ante el giro de los acontecimientos. El sacerdote sabía que él había robado la plata, y Valjean sabía que el sacerdote lo sabía. Y, sin embargo, el sacerdote no solo confirmó lo dicho por el convicto, sino que le entregó más. A modo de explicación, el sacerdote le dice en voz baja: «Y ahora no lo olvides. Nunca lo olvides. Has prometido convertirte en un hombre nuevo. Jean Valjean, hermano mío, ya no perteneces al mal. Con esta plata, compré tu alma. Te he rescatado del miedo y el odio, y ahora te devuelvo a Dios».

Los miserables es la historia de cómo Valjean se convierte en el «hombre nuevo» que el sacerdote afirmó que se convertiría. La misericordia del sacerdote transforma a Valjean de un delincuente endurecido a un hombre paciente, amable y generoso que se preocupa por los pobres y los huérfanos. Un receptor de gran misericordia, se convierte en un dador de gran misericordia.

Esto, por supuesto, no es todo el evangelio. Se necesita algo más que un acto de misericordia para cambiar nuestros corazones. El Espíritu de Dios tiene que abrir nuestros ojos a la misericordia y la belleza de Dios en Cristo y hacer que sintamos deseo por ellas. Pero la idea central de Víctor Hugo es correcta: la misericordia genera misericordia.

Cuando escribió su historia, Víctor Hugo tenía en los Evangelios una gran cantidad de material en el cual basarse. En Mateo 18:23-30, por ejemplo, Jesús cuenta una historia de un hombre que le debía a un rey una cantidad extraordinaria de dinero; «miles y miles de monedas de oro» para ser específico. (¡Eso es mucho dinero!). Llegó el momento en que la deuda vencía y el hombre fue llamado para rendir cuentas. El hombre no podía pagar y, en consecuencia, fue enviado a la "prisión de deudores". Allí trabajaría, junto con su familia, hasta que la deuda fuera pagada, incluso si eso significaba que las generaciones siguientes permanecieran encarceladas.

El hombre, desesperado, se arrojó al suelo y comenzó a pedir misericordia; más tiempo para pagar la deuda. Todos los que veían esta escena patética comenzaron a sentirse incómodos, porque, como sabes, los prestamistas no alcanzan el éxito mediante la misericordia, por eso se les llama «usureros». Si no pagas, se aparece en tu casa alguien llamado Bruno para romperte los pulgares.

Pero entonces sucedió lo inesperado. El rey tuvo una emoción que Jesús llama *splagma*, una palabra griega que significa sentir una compasión visceral o profunda por alguien. No sabemos por qué. Tal vez le recordaba a sus propios hijos, o quizás se acababa de identificar con este hombre —lo que fuera—, su labio inferior comenzó a temblar y se le humedecieron los ojos. Entonces hizo lo impensable: «le perdonó la deuda y lo dejó en libertad».

Nadie en la sala podía creerlo, y menos aún el hombre perdonado. Por primera vez en su vida, se sintió libre. Dio las gracias al rey profusamente y salió del tribunal como un nuevo hombre. Corrió a su casa para contarle a la familia la noticia de su liberación, se sentía liviano como el aire.

Al salir, vio a un compañero que le debía tres dólares. Agarró al hombre por el cuello y le dijo: —¡Págame lo que me debes!

El hombre le rogó: —Lo siento. He tenido una mala semana. No tengo dinero, te pagaré la próxima.

—¡No! —le respondió—. Si no puedes pagar ahora, vas a la cárcel.

Me imagino que mientras Jesús contaba esta parte de la historia sus oyentes pusieron los ojos en blanco y exclamaron: «¡Eso es absurdo! *Nadie* a quien se le hayan perdonado millones mandaría a la cárcel a alguien por esa cantidad». Y esa es *exactamente* la idea que Jesús quería trasmitir. Es imposible que conozcas lo que Dios te ha perdonado y no seas generoso en espíritu hacia los demás. Si no lo eres, eso significa que no estás consciente de la gracia que Dios te ha mostrado.

Aquellas personas que realmente creen en el evangelio lo demuestran al llegar a ser como el evangelio. Las personas empapadas en la gracia del evangelio desarrollan una capacidad para perdonar cercana a la insensatez.

> Aquellas personas que realmente creen en el evangelio llegan a ser como el evangelio.

Un perdón radical

Fue mi incapacidad para comprender la gracia que se me ha mostrado en el evangelio lo que casi destruye mi matrimonio.

Mi esposa y yo hemos estado casados durante ocho años *maravillosos*, más otros dos, lo que hace un total de diez años. Esos dos primeros años fueron difíciles. Recuerdo que unos meses antes de casarnos nos decíamos: «Nunca discutimos; ¡debemos ser perfectos el uno para el otro!». Y no discutíamos en aquel momento. Durante todo el año de nuestro noviazgo, no recuerdo ningún altercado.

Bueno, pues recuperamos el tiempo perdido durante los primeros seis meses de nuestro matrimonio.

Después de agotarnos durante un par de años, desesperados fuimos a ver a un consejero bíblico. Abrió su Biblia en 1 Timoteo 1:15 (NTV), donde Pablo se describe a sí mismo como el «peor» de todos los pecadores. Luego nos preguntó si creíamos que Pablo exageraba cuando expresó esto de sí mismo. Mi doctrina de la Biblia me hacía querer decir que no, pues la Biblia no se equivoca y Pablo no exageraba. Pero,

¿cómo pudo Pablo *realmente* pensar que era un pecador más grande que Judas Iscariote o Nerón? Todavía sin entender hacia dónde se dirigía el consejero con esto, respondí: «No sé».

Entonces nos explicó que Pablo en realidad decía la verdad porque desde su punto de vista él era el peor pecador. Pablo estaba más familiarizado con su propia maldad que con la de los demás. Por supuesto, Pablo sabía, en teoría, que las demás personas eran tan pecadoras como él, pero era mucho más consciente de su pecado que del de los demás. Cuando Pablo pensó en la necesidad de la gracia, no pensó primero en los demás, pensó en sí mismo.

Nuestro consejero explicó que tanto mi esposa como yo nos veíamos *el uno al otro* como «el peor de los pecadores» *y no a nosotros mismos*. Podía ver el pecado de mi esposa, pero ni cuenta me daba del mío. Si hubiera entendido mi profunda necesidad de la gracia, le habría otorgado la gracia a ella con mayor naturalidad.

Las palabras siguientes del consejero tuvieron el efecto de una bomba en mi corazón: «Cuando realmente crees en el evangelio, primero ves que eres un pecador y solo en segundo lugar que pecan contra ti. El problema en su matrimonio es que ninguno de los dos parece comprender cuánto les ha sido perdonado. No se otorgan la gracia el uno al otro porque realmente no han probado la gracia. Necesitan regresar al evangelio».

Nuestros problemas matrimoniales eran problemas del evangelio. Esa tarde mi esposa y yo comenzamos a explorar más íntimamente la gracia que se nos ha otorgado en Cristo. A través de ese estudio, la actitud de uno con respecto al otro cambió radicalmente. Comenzamos a vernos primero como pecadores, y luego a ver el pecado que se cometía en contra nuestra; y a medida que fuimos más conscientes de nuestra propia necesidad de la gracia, nos sentimos más dispuestos a otorgarla a los demás.

Todavía nos lastimamos y nos decepcionamos mutuamente. Todavía nos impacientamos. Pero cuando pienso en lo mucho que Dios me ha perdonado, lo que se me pide que le perdone a ella no parece tan importante. Cuando nos asombramos de lo que Dios hizo por nosotros en la cruz, nos resulta difícil permanecer enojados el uno con el otro.

A medida que la gracia de Dios nos cambia, nuestra gracia cambia a los demás

Al lidiar a lo largo de los años en nuestra iglesia con una serie de matrimonios en dificultades, he notado que uno de los mayores obstáculos para mostrar la gracia hacia los demás es la creencia de que si no tomas represalias, aquellos que te lastiman nunca aprenderán que han hecho algo incorrecto. Nos encargamos de corregir a nuestros cónyuges, a nuestros hijos, a nuestros compañeros de trabajo, a nuestros padres y a cualquier otra persona en nuestro camino respecto a sus fallas, y les hacemos saber lo mucho que nos han lastimado.

Eso es lo que pensaba durante los dos primeros años de mi matrimonio. Creía que la única manera de cambiar realmente a mi esposa era hacerla sentir el dolor de lo que me hacía. Si la lastimaba de la misma manera en que ella me lastimaba, se arrepentiría.

Además, sentía que hacía lo correcto al vengarme por su error. Cuando se nos agravia, un pequeño diapasón divino suena en nuestros corazones avisándonos que el equilibrio

> Dios nos cambió derramando una bondad inmerecida sobre nosotros.

de la justicia en el universo se ha roto. Nos sentimos cerca de la Deidad cuando corregimos el agravio. Creemos que cuando restauremos el equilibrio de la justicia, todos comenzarán a comportarse adecuadamente otra vez.

Eso es mentira. ¿Es así como Dios nos cambió? ¿Castigándonos por nuestro pecado? No. Dios nos cambió derramando una bondad inmerecida sobre nosotros. Cuando la experimentamos, nuestros corazones se transformaron.

De la misma manera ayudaremos a las demás personas a cambiar. Pablo lo explicó así:

«No os venguéis vosotros mismos, amados míos, sino dejad lugar a la ira de Dios; porque escrito está: Mía es la venganza, yo pagaré, dice el Señor. Así que, si tu enemigo tuviere hambre, dale de comer; si tuviere sed, dale de beber; pues haciendo esto, ascuas de fuego amontonarás sobre su cabeza. No seas vencido de lo malo, sino vence con el bien el mal» (Rom. 12:19-21, RVR1960).

Mi frase favorita en estos versículos es que, al devolver bien por mal, «ascuas de fuego amontonarás sobre su cabeza» (de tu enemigo). ¡Eso se parece a lo que quería hacerle en primer lugar a mi enemigo (es decir, a mi esposa)! Pero Pablo no está diciendo que arrojemos brasas encendidas sobre la cabeza de alguien para *lastimarlo*, eso sería contrario al espíritu de este pasaje. Amontonar ascuas de fuego sobre su cabeza tiene el objetivo de *despertarlo*.

Las personas que reciben tu bondad en respuesta a su pecado quedan impresionadas y reaccionan. Tu amabilidad hacia ellas les hace ver lo absurdo de su egoísmo y les ayuda a despertar a las bendiciones de la relación.

Solo entonces, dice Pablo, *vencerás* el mal. No puedes vencer el mal en alguien devolviéndoselo. Solo lo perpetuarás. Tu represalia producirá más ira en ellos, y a su vez más maldad, si no es contra ti, será contra otra persona. El mal que hay en una persona se destruye mostrándole una gracia fuera de lo común.

Jesús lo dijo de esta manera: cuando alguien nos agrede, debemos «volverle la otra mejilla». Algunos interpretan que eso significa que debemos actuar según un pacifismo irreal. Alguien nos golpea en la cara, lo miramos y le decimos: «¿Eso es todo lo que tienes? ¡Aún estoy en pie! ¡Aquí, golpéame de nuevo!».

No obstante, en el pensamiento judío, la «mejilla» simbolizaba la relación entre las personas; besar la mejilla de alguien era señal de paz y compañerismo. «Golpear la mejilla de alguien» significaba atacar la relación. Que te golpearan la mejilla quería decir que tus amigos no te consideraban, no te respetaban, hablaban a tus espaldas, no pensaban en tus necesidades.

Jesús señaló: «Vuélvele también la otra». Es decir, *vuelve a ofrecerle la relación.* Jesús no dijo «vuélvele la misma mejilla», como cuando expresamos «permítele que te golpeen otra vez». Tampoco afirmó «devuélvele el golpe y pégale en la mejilla», como cuando decimos «véngate, para que también sienta el dolor». Él expresó «vuélvele también la otra mejilla».[28] Vuelve a ofrecerle las bendiciones de la relación. Podría ser necesario enfrentar a esa persona allí donde nos hizo mal, pero lo hacemos sin el menor deseo de herirla. Asimilamos el aguijón de su golpe y le ofrecemos la bondad de una relación renovada.

Exactamente como Jesús lo hizo por nosotros.

Al enfrentar a alguien que te ataca, no estás tratando de devolverle con palabras sus ofensas, no estas atacándolo verbalmente. Lo enfrentas por *su bien*, porque estás triste por lo que su pecado le está haciendo a él y a su relación contigo. Haces esto con amor, más preocupado por cómo su pecado lo está lastimando que por el efecto que esto tiene en ti. Donde esa persona fue egoísta y cruel, le respondes con ternura y con deseo de reconciliación. Asimilas su violencia y le ofreces paz. Al hacerlo, es muy probable que «despierte» de su comportamiento destructivo.

> El evangelio no nos exhorta a que seamos pasivos respecto a las faltas de los demás. Nos dice que seamos enérgicamente corteses. Vencemos el mal con el bien.

El evangelio no nos exhorta a que seamos pasivos respecto a las faltas de los demás. Nos dice que seamos enérgicamente corteses. Vencemos el mal con el bien. «Vencer» es una palabra de guerra. Pablo está expresando: «Ve a la guerra contra el mal y véncelo con la gracia». Jesús venció el mal en nosotros mediante la gracia de la cruz. Venceremos el mal en los demás siendo con ellos como lo fue Jesús con nosotros.

Amigo, debemos aplicar esto en nuestros matrimonios. Cuando Pablo nos dice «amen a sus esposas, así como Cristo amó a la iglesia» se está refiriendo principalmente a esto. Cristo amó a la iglesia cuando recibió sus golpes hirientes y le ofreció solo amor como respuesta. Su gracia hacia la iglesia no se debió a que la iglesia fuera hermosa, sino que hizo que la iglesia fuera hermosa. Esto generó en la iglesia un amor por Él que nunca pudo haber nacido mediante represalias. C. S. Lewis lo expresó con claridad: «Este versículo [Ef. 5:25] se manifiesta fundamentalmente en el marido cuya esposa recibe más y da lo mínimo, aquel cuya esposa es indigna de él, pues por su propia naturaleza es la menos adorable. Porque la iglesia no tiene belleza sino la que el Novio le da; Él no encuentra que sea encantadora, sino que la hace encantadora».[29] Hacemos que nuestras esposas sean hermosas al extenderles la gracia de la cruz. Esto «las lava mediante la palabra» y ayuda a formar en ellas el carácter de Cristo.

Cristo lo hizo primero por nosotros; nosotros lo hacemos por nuestras esposas después.

Respondemos a Dios, no a las demás personas

Sin embargo, imagino lo que podrías estar pensando. «Pero esa persona no *merece* mi gracia. No sabes cuán profundamente me ha lastimado».

Quiero decirte, con toda mi compasión, que *esa es precisamente la idea.*

Tampoco nosotros merecíamos la gracia de Dios cuando Él nos salvó. La conclusión es que la persona a la que elijamos perdonar puede no cambiar cuando le mostremos por primera vez la gracia. Nosotros tampoco lo hicimos. No conozco a muchas personas que hayan creído en el evangelio la primera vez que lo escucharon. Jesús me otorgó la gracia mucho antes de que yo cambiara. Él murió por nosotros «... cuando todavía éramos pecadores...» (Rom. 5:8).

En realidad, es posible que la persona a la que perdones nunca cambie. Y está bien... Porque el perdón además te da el beneficio de perdonar. Tenemos la oportunidad de amar como Dios ama. Incluso si mostrar la gracia nunca cambia a aquellos que perdonamos, nos cambia a nosotros, y ese es el propósito principal de Dios en todo lo que nos sucede en esta vida. Pablo dice que Dios dispone *todas* las cosas en nuestra vida en función de Su buen plan de transformarnos según la imagen de Su Hijo (Rom. 8:28-29).

En última instancia, respondo a Jesús, no a la persona que tengo ante mí. La persona que me injuria puede no merecer una respuesta de gracia, pero Jesús, quien sangró y murió por mí, sí la merece.

Entonces, llevas dos horas esperando a un mecánico que no acaba de llegar. Cuando aparece, quieres aplicarle el

Antiguo Testamento. Tal vez, en ese momento de frustración, recuerdes: «La tardanza de este mecánico no es nada en comparación con la blasfemia que cometí contra Dios». Todavía podrías reprocharle al hombre su tardanza, pero lo harías en un espíritu completamente diferente. (Nota: Esto me ha ocurrido con frecuencia. Me he dado cuenta de que Dios parece haber designado a todo un ejército de personas incompetentes e indiferentes para mi santificación).

> Cuando hayas probado la gracia del evangelio, ninguna relación, sin importar cuán impropia, hiriente o molesta pueda ser, te parecerá igual que antes.

Cuando hayas probado la gracia del evangelio, ninguna relación, sin importar cuán impropia, hiriente o molesta pueda ser, te parecerá igual que antes. Te verás a ti mismo «primero como pecador, y luego verás el pecado que se comete en tu contra», y cuando eso suceda, toda tu actitud hacia las ofensas de los demás cambiará.

La señal más clara de la gracia de Dios en tu vida es un espíritu generoso hacia los demás.

Debes pensar diariamente en la gracia de Dios que se te muestra en Cristo, y orar:

Como has sido conmigo, así seré con los demás.

CAPÍTULO 8

Una generosidad insólita

Como has sido conmigo, así seré con los demás.

Este es el mantra de un creyente rebosante de gracia. Hemos visto cómo produce en nosotros un espíritu generoso respecto a las ofensas de los demás. Pero, ¿cómo influye en nuestra actitud respecto a nuestras posesiones? ¿Cómo se manifiesta la relación del creyente centrado en el evangelio con el dinero?

Sé que probablemente esperes una respuesta bastante fácil. Algo así como: «Lo que sea que estés dando, no es suficiente. Hay niños en la India que sobreviven con tres granos de arroz al día. Siéntete culpable y da más».

Comprender el evangelio ciertamente te llevará a una generosidad insólita. ¿Cómo podría ser de otro modo? «Ya conocen la gracia de nuestro Señor Jesucristo —dice Pablo— que, aunque era rico, por causa de ustedes se hizo pobre, para que mediante su pobreza ustedes llegaran a ser ricos» (2 Cor. 8:9). Si entendemos lo que Jesús dio para salvarnos, ¿cómo no renunciar voluntaria y gozosamente a nuestras posesiones para que otros también tengan vida?

Sin embargo, hay un dilema. ¿Cómo podríamos dar lo suficiente para igualar lo que Jesús entregó por nosotros? Jesús hizo que Su Padre amado apartara Su rostro de Él a la hora que más lo necesitaba. Ninguno de nosotros renunciará jamás a nada que se compare con eso.

Por otra parte, la Biblia habla de una serie de cosas que Dios quiere que hagamos con nuestro dinero además de simplemente donarlo (aunque sin duda quiere que seamos extraordinariamente generosos con él). El dinero es una herramienta que Él pone en nuestras manos para lograr múltiples propósitos en nuestra vida. Entonces, este capítulo es más bien un análisis exhaustivo de cómo se manifiesta la «generosidad centrada en el evangelio».[30]

Dos errores principales

Pienso que hay dos errores principales en las actitudes de los cristianos hacia el dar.

El primer error es algo así como «Dios quiere el 10 %, y después puedes hacer lo que quieras con tu dinero».

En otras palabras, al pagar el diezmo has cumplido con tu deber, de modo que puedes seguir tu alegre camino y usar el otro 90 % en tu disfrute. Para muchos cristianos dar ese primer 10 % es en realidad un medio para que Dios aumente el otro 90 %.

«Traigan el diezmo para los fondos del templo —dicen—, y vean si Dios no abre las compuertas del cielo y derrama sobre ustedes bendición hasta que sobreabunde» (Mal. 3:10, paráfrasis del autor).

Para estos creyentes, dar es un plan de inversiones para obtener más.

Esta posición en sí no es solo incompleta, sino que es *poco cristiana*, pues en última instancia su principal motivación es el dinero. Le damos a Dios para obtener más dinero de Él. Es cierto que Dios promete bendecirnos cuando damos, pero obtener más dinero no es la razón principal por la que debemos dar. Deberíamos hacerlo como una respuesta agradecida a un Dios que dio todo por nosotros. Cuando le damos a Dios, principalmente para obtener más de Él, no estamos adorando a Dios; lo estamos *usando*. (2 Cor. 8:6; 9:8; 1 Tim. 6:6).

Esta forma de dar no tiene nada que ver con lo que Jesús expresó sobre «tomar nuestra cruz» y seguirlo. Seguir a Jesús significa aprovechar nuestra vida para el reino de Dios, así como Él utilizó la Suya para nosotros. Jesús manifestó que Su existencia fue como una semilla

> Jesús manifestó que Su existencia fue como una semilla que cayó al suelo y murió para que de ella pudiera nacer la vida en beneficio de los demás.

que cayó al suelo y murió para que de ella pudiera nacer la vida en beneficio de los demás. Cada discípulo de Jesús debe sentir lo mismo de su propia vida (Juan 12:24). Jesús no pagó un diezmo de Su sangre por nosotros, la dio toda. Lo que Él merece como respuesta (en realidad, lo que exige) es que ofrezcamos totalmente nuestra vida.

Aquellas personas que le dan un diezmo a Dios para poder llevar una vida centrada en sí mismas aún no han adoptado el camino del discipulado.

El segundo error, que resulta ser lo contrario, es algo como:

«Lo único que debes hacer con tu dinero es regalarlo a los pobres. Después de todo, siempre hay más personas pobres y perdidas. Por lo tanto, si tienes algo que puedes regalar y sobrevivir, debes darlo».

Esta actitud hacia nuestras posesiones se ha descrito como una mentalidad de «batalla». En una batalla, te despojas de todos los lujos para proporcionar recursos para el combate. Todo el «metal de lujo» que tengas se derrite para hacer balas. Por lo tanto, todo el capital disponible debe usarse para alimentar a los pobres y pagar los salarios de los misioneros.

Recuerdas la escena en *La lista de Schindler* cuando Liam Neeson comprende la realidad del exterminio de los judíos en el Holocausto, mira su reloj y dice: «Este reloj... No necesitaba este reloj. ¿Por qué no lo vendí? Este reloj podría haber liberado a dos judíos». Así es como piensan las personas que adoptan esta posición.

Esta posición sugiere que debemos vivir tan austeramente como sea posible y dar todo lo demás. Uno se hace preguntas como estas:

- «Si tus hijos se estuvieran muriendo de hambre, ¿no gastarías tu fondo de jubilación para alimentarlos?».
- «Si vendieran a tus hijos en el comercio sexual, ¿no darías todo lo que tienes para rescatarlos?».

Considero que esta posición es inspiradora, y sin duda es al menos parcialmente correcta (estamos en una batalla real con víctimas reales y no podemos ignorar eso). Pero, aunque está mucho más acorde con el Nuevo Testamento que el enfoque anterior, todavía no concuerda plenamente con la totalidad de la enseñanza bíblica respecto al dinero y, en algunos casos, con el evangelio mismo.

Apoyé esta postura durante un tiempo, y, sinceramente, me llevó a la desesperación. Siempre había alguien más que necesitaba a Jesús y otro huérfano que debía ser atendido. Entonces, ¿realmente necesitaba comprar una Coca-Cola para el almuerzo? ¿No podría beber agua del grifo y dar ese dinero a las misiones? ¿No alimentaría ese dinero a un huérfano durante una semana? O, ¿en realidad debía comer alguna vez fuera? E incluso si solo lo hacía en casa, ¿debía comer otra cosa que no fuera frijoles y arroz? Muchos huérfanos ni siquiera tienen eso. ¿Y realmente necesito un anillo de bodas, o que ese anillo sea de oro? Podría vender mi único anillo de oro y dar ese dinero a las misiones. ¿No eran las cortinas de mi casa un lujo de tiempos de paz que realmente debían convertirse en pijamas para un niño en la India?

Corregir nuestra perspectiva

He encontrado cuatro errores bíblicos en esa actitud:

Primero, en la práctica, este tipo de pensamiento no tiene fin. ¿Cuándo es suficiente, realmente suficiente? Como mencioné al comienzo de este capítulo, si un ser humano compara su sacrificio con el de Jesús, siempre se quedará corto. Él dejó el cielo para venir a la tierra, no tuvo un lugar donde recostar Su cabeza, enfrentó una muerte horrible y sufrió el abandono de Dios. No hay nada que podamos hacer para igualar el sacrificio de Jesús.

En cuanto a la mentalidad de batalla; bueno, en la batalla, si no tuviera balas y el enemigo amenazara a mi familia, fundiría *todas* mis cucharas y comería con las manos para fabricar balas y así defender a mis hijos. Sin embargo, he notado que la mayoría de los defensores de esta visión de darlo todo todavía tienen sus cucharas. ¿En verdad les importan más sus valiosas cucharas que las almas perdidas en Sudán? Si no es así, ¿por qué no las venden? ¡Desde luego que podrían sobrevivir sin ellas!

Los creyentes sinceros que abogan por este modo de actuar nos dicen que «gastemos solo en necesidades; y que entreguemos cualquier exceso». Pero, ¿qué cosa es exactamente el *exceso*? Si comiste algo más que arroz y frijoles, ¿no fue ese un exceso?

Hace 500 años, Juan Calvino comprendió el curso interminable de este tipo de pensamiento y expresó:

> *Si un hombre comienza a dudar de si puede usar tejido de lino para sus sábanas, camisas, pañuelos y servilletas, luego también dudará respecto al cáñamo… Pues llegará a considerar si puede comer sin servilletas, o prescindir de su pañuelo. Si un hombre cree que una comida más exquisita es ilegal, al final no estará en paz ante Dios, pues cuando coma pan negro o alimentos comunes también pensará que podría alimentar su cuerpo con alimentos incluso más vulgares. Si vacila ante el vino dulce, no beberá con la conciencia tranquila ni siquiera el vino que se ha echado a perder, y finalmente no se atreverá a tocar el agua si es más clara y más limpia que otras aguas.*[31]

En segundo lugar, este enfoque supone que Dios necesita nuestro dinero. Esto no debería sorprenderte, pero Él no lo necesita. Dios creó el mundo con solo una palabra y sin ayuda de ninguno de nosotros. Puede hacer suficiente comida para 5000 familias con solo 5 panes y 2 peces. Puede hacer que las «dos moneditas» de la viuda sean más que lo que puede dar el más rico de los ricos. Él puede hacer que el dinero aparezca en la boca de un pez cuando lo necesites. Siempre que lo desees, puede persuadir al rey Ciro para que pague la reconstrucción de Jerusalén. Créeme, no le falta el dinero. Posee el ganado que hay en mil colinas y puede venderlo cuando lo desee. En ningún momento se acerca a nosotros como si *necesitara* de nuestros recursos para hacer Su trabajo.

Eso no quiere decir que Él no haya hecho que la iglesia colabore en Su misión. Ciertamente ha puesto en manos de la iglesia los recursos materiales que planea usar para la salvación del mundo. Pero, aunque Dios utiliza nuestra generosidad como parte de Su plan, eso no quiere decir que Dios necesite nuestro dinero para llevarlo a término.

En tercer lugar, esta posición termina siendo, a pesar de su lenguaje espiritualizado, una forma «obligatoria» de dar. Nos sentimos atormentados por la culpa y damos para aliviarla. Por el contrario, el dar centrado en el evangelio se caracteriza por la libertad. Damos con alegría en respuesta a la gracia de Cristo porque no hay nada que prefiramos hacer con nuestro dinero que no sea glorificarlo y ver Su reino venir a la tierra.

El Nuevo Testamento es muy cuidadoso en cuanto a prescribir una cantidad que los creyentes deberían dar. Por ejemplo, en el Evangelio de Lucas, Jesús elogia al menos tres veces una cantidad diferente.

- En Lucas 18:22, Jesús habla con un joven y rico dirigente que tenía mucho dinero y le dice: «Vende *todo* lo que tienes y repártelo entre los pobres, ¡cada centavo! Luego ven y sígueme» (paráfrasis del autor).
- En Lucas 11, Jesús se refiere a cómo algunas personas dan: «Dan la décima parte», y afirma que es «lo correcto» (Luc. 11:42, paráfrasis del autor).
- En Lucas 19:8-9, Zaqueo da el 50 % y Jesús expresa: «Eso es muy bueno y prueba que has sido salvo» (paráfrasis del autor).

Para las personas del grupo A, con respecto a la personalidad, como yo, esta ambigüedad nos vuelve locos. «Bueno, ¿cuál es, Jesús? ¿Es el 100 %, el 10 % o el 50 %? Jesús, necesito marcarlo en un recuadro. ¿Cuál es la cantidad exacta que tengo que dar para obtener "la estrella de oro"?».

El problema es que *no hay una sola respuesta*. El espíritu de generosidad simplemente no es algo que se pueda generar al establecer un estándar.

En cuarto lugar, esta posición no concuerda con muchas otras cosas que la Biblia nos enseña sobre el propósito de Dios al darnos posesiones. Dios no nos dio dinero simplemente para que lo regalemos. Por favor, no malinterpretes esto. Dios sí nos proporciona una gran cantidad de dinero que Él en verdad quiere que aprovechemos en los demás, para darlo generosamente. Pero Dios también tiene otros propósitos al darnos dinero además de regalarlo. Según Pablo, Dios nos da algunas cosas materiales para nuestro disfrute y Él se glorifica a medida que las disfrutamos. Cualquier buen padre adora deleitar a sus hijos con regalos; nuestro Padre Celestial no es diferente. El sabio rey Salomón nos enseñó que ahorrar dinero puede ser prudente, y que los hombres piadosos a menudo dejan dinero incluso a los hijos de sus hijos. Así que profundicemos en cuáles son esos propósitos.

El patrón de la generosidad

Nos gustan las reglas, las fórmulas y las recetas simplistas. Con el dinero, sin embargo, la Biblia nos da valores complementarios que un corazón centrado en el evangelio mantiene en equilibrio.

He encontrado al menos seis principios bíblicos sobre el dinero que debemos mantener en reverente equilibrio. *Cualquiera de estos principios, por separado, te dejarán fuera de equilibrio.* Sin embargo, mantener los seis principios en consonancia te llevan a una generosidad fuera de lo común y a un humilde reconocimiento de los buenos dones de Dios. ¡Aquí están!

1. Dios da un excedente a algunos para que puedan compartirlo con aquellos que tienen menos.

En 2 Corintios 8:13-15, Pablo usa la historia del maná dado a los israelitas en el desierto para explicar que Dios da en mayor cantidad a algunos para que puedan compartirlo con los demás. Si mi esposa pone dos sándwiches en el almuerzo de mi hija porque sabe que hay un niño en la escuela que no tiene nada, quisiéramos que mi hija se lo diera cuando tuviera la oportunidad. No es necesario que ella lo guarde en caso de que mañana olvidemos el almuerzo. No lo olvidaremos y Dios hace lo mismo con nosotros. Él les da más a algunos de nosotros hoy para que podamos compartirlo hoy con los necesitados. No se olvidará de nosotros mañana.

El Antiguo Testamento habla en numerosas ocasiones sobre la responsabilidad de los creyentes hacia los pobres. Santiago dice que, si vemos a un hermano sufriendo y le negamos nuestra ayuda, entonces no somos realmente personas de fe. Hechos dice que en esa iglesia primitiva «... no había ningún necesitado en la comunidad. Quienes poseían casas o terrenos los vendían, llevaban el dinero de las ventas y lo entregaban a los apóstoles para que se distribuyera a cada uno según su necesidad» (Hech. 4:34-35).

> Aquellos de nosotros que tienen relativamente mucho deben dar con generosidad a aquellos que tienen poco. Es precisamente por eso que Dios da mucho a algunos de nosotros.

Por lo tanto, aquellos de nosotros que tienen relativamente mucho deben dar con generosidad a aquellos que tienen poco. Es precisamente *por eso* que Dios da mucho a algunos de nosotros. Tendremos que rendirle cuentas de lo que hacemos con nuestra abundancia. Compartir con los pobres es nuestro deber y nuestro gozoso privilegio.[32]

2. La generosidad radical de Jesús hacia nosotros sirve como modelo y motivación para nuestra generosidad radical.

En 2 Corintios 8–9, Pablo explica a los corintios que la generosidad de Jesús hacia ellos debía ser el patrón de su generosidad hacia los demás.

Como dije antes, Jesús no dio un diezmo de Su sangre; la dio toda. A medida que Dios aumenta nuestra capacidad de obtener dinero y nos otorga mayores posiciones de poder, debemos aprovechar ese poder y ese dinero como lo hizo Jesús, no para aumentar nuestro nivel de vida, sino para aumentar el nivel de lo que damos. Deberíamos pensar en la vida como lo hizo Jesús, dice Pablo, que aprovechó Su posición y Sus recursos para salvarnos en lugar de prosperar Él mismo. Por lo tanto, debemos aprovechar nuestra prosperidad por el bien de la evangelización mundial, y no para una mayor autocomplacencia. Pablo expresa que Dios realmente multiplica nuestros recursos financieros *con el propósito de* aumentar nuestra «sementera» (2 Cor. 9:10, LBLA).

¿Cómo puede alguno de nosotros que ha probado el amor insólito de Cristo ser tacaño con sus recursos? ¿Su compasión hacia nosotros no nos predispone naturalmente a ayudar a los necesitados? Si vemos a alguien cuya necesidad podemos satisfacer, ¿cómo puede nuestro corazón no querer ayudarlo? ¿No amaremos a los huérfanos, a las viudas, a los prisioneros y a los que no tienen hogar, ya que sabemos que una vez fuimos huérfanos, estuvimos alejados del Padre, desvalidos y nos dirigíamos a una separación eterna de Dios?

¿Cómo podemos decir que amamos a los demás y no dedicar nuestra vida para que otros puedan escuchar? En una ocasión compartí el evangelio con una chica llamada Rhonda. Después de conversar durante bastante tiempo, me dijo: «No podría creer lo que tú crees. Arruinaría mi vida». Le pregunté: «¿Por qué?». Me respondió: «Si creyera lo que crees, que mis amigos están condenados y que la salvación solo se puede encontrar al creer en Jesús, me acercaría a cada uno de ellos, en realidad a cada persona que conozca, de rodillas y les *suplicaría* que creyeran en Jesús. Nunca dejaría de suplicar, nunca dejaría de llorar, hasta que hubiera convencido a todos de creer». ¿Nos sentimos así respecto a los perdidos?

Pablo, que habló tanto sobre la libertad en la vida cristiana, manifestó que tenía «obligación» con aquellos que no habían oído hablar de Cristo (Rom. 1:14-17, NTV). Dios se reveló a Pablo en gracia. ¿Cómo podría Pablo no poner su vida al servicio de los demás? ¿Estás aprovechando tu vida para los demás como Jesús aprovechó la Suya para ti?

3. El Espíritu Santo debe guiarnos respecto a qué sacrificios debemos hacer *nosotros*, personalmente.

En la mayoría de los círculos más bautistas y reformados que frecuento, las personas no están completamente seguras, en términos prácticos, de lo que *hace* el Espíritu Santo, más allá de regenerar nuestros corazones y convencernos del pecado.

No intentaré responder a la pregunta de qué es todo lo que hace el Espíritu Santo aquí,[33] pero sí creo que nos guía activamente. En rigor, en el tema de la generosidad, dependo de Él. ¿Cómo sé a qué prioridades del cielo debo dedicar mis limitados recursos?

No escucho muchas voces ni doy tanto peso a los «presentimientos divinos», pero sí creo que el Espíritu Santo tiene que mostrarnos cuáles de las prioridades de Su misión son para nosotros. Sin esa guía, no estaría seguro de qué hacer. Sentiría que me llaman de todas partes.

No obstante, te reitero que cualquiera de estos principios, por separado, te llevará a un error. En realidad, si solo das porque el Espíritu Santo «te dice que lo hagas», entonces lo que entregas no se desborda de un corazón lleno de gratitud. Solo estás siguiendo órdenes. Recuerda, Dios no desea personas que den solo porque se les dice que lo hagan. Quiere personas cuyos corazones actúen de manera espontánea y gozosa cuando tienen la oportunidad de ser generosos.

4. Dios se deleita en nuestro disfrute de Sus dones materiales.

La Escritura nos dice que Dios es el Papá supremo (Luc. 11:11-12). Ama deleitarnos con todo tipo de bendiciones.

Me encanta darles a mis hijos cosas que les gusten. Sin duda, Dios no es diferente. La Escritura nos dice que Dios es el Papá supremo (Luc. 11:11-12). Ama deleitarnos con todo tipo de bendiciones. En 1 Timoteo 6:17, luego de recordarle a los ricos su responsabilidad de ser generosos, Pablo expresa que es Dios quien «… nos provee de todo en abundancia para que lo disfrutemos». Dios nos da bendiciones materiales como dones, y es glorificado cuando los disfrutamos. La Escritura aclara esto en varios lugares, por ejemplo:

- El Salmo 104:15 expresa que Él nos da comida y vino (jugo de frutas para nosotros los bautistas) para *alegrar nuestro corazón*, no solo para nutrir nuestros cuerpos. Un buen filete glorifica a Jesús. Alabado sea el Señor.

- En Juan 2:1-11 se dice que Jesús creó un vino realmente bueno en una boda en Caná. Pudo haber hecho un vino de «tiempos de guerra» aguado, barato y suficiente. (De nuevo, para ustedes compañeros bautistas, para quienes esta analogía del vino no funciona, sería como ir con Jesús a una recepción de bodas donde se acaban los pequeños emparedados de jamón y Jesús hace un bufet de costillas de primera y camarones). El asunto es que Jesús proporcionó cosas buenas para las personas en la boda porque *amaba* la creación de Su Padre y sabía que *al disfrutarlas* glorificamos a Dios.

- En Nehemías 8, cuando el pueblo se preguntaba cómo expresar su gratitud por haber «redescubierto» la ley, su primera respuesta fue llorar. Pero Esdras y Nehemías *corrigieron* a la gente y expresaron: «Id, comed de la grosura, bebed de lo dulce, y mandad raciones a los que no tienen nada preparado; porque este día es santo para nuestro Señor. No os entristezcáis, porque la alegría del SEÑOR es vuestra fortaleza» (8:10, LBLA). Dios quería que expresaran su agradecimiento a través de un banquete *espléndido*. ¿No podrían haber comido hojas de maíz y verduras, bebido agua y dado el resto de su dinero a los pobres? Por supuesto. Pero en este momento Dios quería que festejaran.

- En Juan 12, cuando la mujer ungió los pies de Jesús, Judas se opuso porque el valor del perfume derramado era de 25 000 dólares, ¡y con eso claramente se podría haber comprado mucho alimento para los pobres! Pero Jesús no expresa: «Tienes razón, Judas. María, vamos, estamos en guerra; deberías "derretir eso" y usarlo para balas de combate». Más bien, Jesús se deleitó en esta extravagante, imprevista, espléndida y exagerada manifestación de amor. Pudieras objetar y decir: «No es lo mismo ungir los pies de Jesús que gastar cuatro dólares en un *macchiato* de caramelo para nosotros mismos cuando podríamos beber agua y dar el dinero a las misiones». Por supuesto, tienes razón, pero no me malinterpretes, la idea es que *Jesús reconoció otros usos del dinero además del evangelismo y el alivio de la pobreza.*[34]

Nuevamente te recuerdo que, si tomas este principio por separado, sin tener en cuenta los otros cinco, perderás el equilibrio. «Dios me ha dado abundantemente todas las cosas para que las disfrute» y «Él no necesita mi dinero» pueden utilizarse para justificar un estilo de vida indulgente y egoísta. Pero puedes (¡y debes!) reconocer la bondad paternal de Dios hacia ti en las bendiciones materiales.[35]

No tienes que sentirte culpable por ganar mucho dinero. No tienes que sentirte culpable por disfrutar de algunas de las bendiciones del dinero. Pablo dijo que sabía vivir humildemente y también sabía tener abundancia (Fil. 4:11-13, RVR1960). Algunos cristianos parecen saber cómo vivir humildemente, pero no cómo abundar. Debemos aprender a recibir el sufrimiento y la prosperidad de la mano de Dios. Larry Osborne, afirma: «Cuando Dios me bendice con la prosperidad, como a Abraham, le agradeceré, lo disfrutaré y lo compartiré generosamente; y cuando me hace enfrentar una prueba como la de Job, entonces le agradeceré, confiaré en Él y disfrutaré de mi relación con Él. Por la gracia de Dios, sé cómo ser humillado y cómo abundar. Puedo hacer todas las cosas a través de Cristo, que me da fuerza».[36] Creo que esto es precisamente lo que Pablo quiso decir en ese versículo.

5. Dios, no el dinero, debe ser nuestra principal fuente de belleza y seguridad.

Muchos de nosotros ahorramos dinero obsesivamente para un «día lluvioso»; otros gastan su dinero con frivolidad para adquirir los símbolos de estatus social y las comodidades más en boga. Para los primeros, el dinero es su principal fuente de seguridad; para los últimos, es su principal fuente de belleza.

Para aquellos que ven su seguridad en el dinero, Jesús expresa: «Fíjense en las aves del cielo. No ahorran dinero, sin embargo, Dios las cuida» (Mat. 6:26, paráfrasis del autor). Dios puede cuidarte mejor que lo que podría protegerte el dinero. Así que no te preocupes por el mañana, pues Dios es una seguridad mejor que el dinero.

Para aquellos que ven el dinero como su belleza, Jesús señala: «Observen las flores del campo. No gastan mucho dinero, sin embargo, Dios las hace hermosas. ¡Ni siquiera Salomón en sus días de gloria se vestía con tanta belleza como las flores!» (Mat. 6:28-29, paráfrasis del autor).[37] En otras palabras, Dios dará una belleza, un significado y un disfrute a tu vida que el dinero no puede dar. Entonces, no tienes que gastar todo tu dinero agregando esas cosas a tu vida. Deja que Dios sea tu belleza y tu seguridad.

Cuando ya no vemos el dinero como nuestra principal fuente de seguridad y belleza, *de modo natural* tendremos más para regalar. Los cristianos que adoran a Dios, no al dinero, necesitan mucho menos del mundo para ser felices y sentirse seguros.

> Los cristianos que adoran a Dios, no al dinero, necesitan mucho menos del mundo para ser felices y sentirse seguros.

Pueden, como nos gusta decir en nuestra iglesia, vivir de *una forma suficiente* y dar de *una manera insólita.*

Además, Jesús también nos dijo que, si entendíamos lo que vendría en la resurrección, veríamos los tesoros celestiales como inversiones mucho más sabias que las terrenales. En la resurrección, experimentaremos al máximo las bendiciones de la creación. Entonces, no tenemos que tenerlo todo aquí. Lo que nos perdemos aquí abajo, lo experimentaremos en la resurrección allá arriba. ¿Entonces nunca vas de vacaciones a los Alpes? Vaya cosa. ¿Sabes cómo será la versión resucitada de los Alpes? Si el cuerpo resucitado de Jesús era reconocible, podía tocarse, podía comer pescado, pero también podía caminar a través de las paredes, ¿cómo se verá el resto de la creación resucitada? Probablemente ni siquiera tengas que volar en clase económica para ir a los Alpes. Probablemente no tengas que volar en avión. Probablemente volarás tú mismo. Así que Jesús nos retó a pensar un poco más allá e invertir nuestros recursos de una manera que den dividendos para la eternidad (Mat. 6:19-22). Como expresa Randy Alcorn, no puedes llevarte tu dinero cuando mueras, pero puedes enviar mucho en antelación de ti.[38]

Cuando el reino de Dios se convierte en nuestro tesoro, la generosidad gozosa se convierte en nuestra respuesta natural.

6. Construir riqueza puede ser sabio.

Dios manifiesta que construir riqueza está bien, incluso que es algo sabio desde el punto de vista bíblico. Ten en cuenta estas claras instrucciones en Proverbios:

- «La corona de los sabios es su riqueza» (14:24, LBLA).
- «La riqueza lograda de la noche a la mañana pronto desaparece; pero la que es fruto del arduo trabajo, aumenta con el tiempo» (13:11, NTV).

- «¡Anda, perezoso, fíjate en la hormiga! ¡Fíjate en lo que hace [...]! [...] en el verano almacena provisiones y durante la cosecha recoge alimentos» (6:6-8).

Salomón incluso manifiesta en Proverbios 13:22 que un hombre de bien puede dejar una herencia que bendice ¡incluso a sus nietos! Dios espera que algunos creyentes mueran con una cantidad de efectivo bastante grande.

En realidad, construir una riqueza puede *aumentar* tu capacidad de ser generoso. Tener dinero a mano puede permitirte ser generoso cuando llega el momento adecuado. Algunos de los primeros cristianos tenían casas lo suficientemente grandes como para celebrar algunas de las primeras reuniones de la iglesia, lo cual fue bueno, pues habían sido expulsados de todos los demás lugares. El buen samaritano pudo darle dinero al hombre necesitado precisamente porque tenía dinero extra.

Además, el principio más básico de la economía es que el dinero crea dinero. Mediante el interés compuesto que se acumula en una cuenta de ahorros grande, si inviertes una parte de tu dinero sabiamente, puedes dar más durante toda la vida que lo que podrías dar si simplemente lo entregaras todo tan pronto como lo obtuvieras. Proverbios enseña eso, y también lo hace Jesús en la «parábola de los talentos» (ver Mat. 25:14-30, LBLA). Por lo tanto, en ocasiones, invertir una parte de tu dinero es una decisión más generosa que darlo todo.

Pero de nuevo, si te atienes a este principio solamente (y no mantienes un equilibrio con los demás), esto te llevaría al acaparamiento de riquezas, algo que la Escritura claramente condena (Sant. 5:1-5). Debemos equilibrar el ahorro responsable con las donaciones generosas. Hay personas muriendo *ahora*, y debemos ser generosos con ellas ahora, no solo cuando muramos.

Sin embargo, no hay duda de que la Biblia señala que puedes ahorrar dinero de una manera que honre a Dios.

¿Cuánto deben dar los cristianos?

Has estado esperando el resultado final. La naturaleza humana caída ama las leyes, porque amamos la autojustificación. Pero las leyes nos impiden lidiar con el problema real: nuestro corazón. La ley también es más fácil de predicar, ya sea dar el 10 %; entregar todo el «exceso»; vivir al nivel del salario medio y dar el resto; usar una PC en lugar de una Mac; beber agua en vez de gaseosa, etc. Las leyes se predican muy bien. Pero los autores de los Evangelios se resisten a la tentación de reducir el cristianismo a leyes. Se enfocan en el corazón.

Por eso, en mi criterio, la Biblia nos da el patrón de estos seis principios y los deja, de alguna manera, pendientes. Estos seis principios trabajarán todos en un corazón que esté rebosante del evangelio. Entonces, resistamos la tentación de agregar especificidad donde la Biblia no lo hace.

Las preguntas más importantes que debemos hacernos sobre el dinero son preguntas del corazón, como estas:

Según lo muestran tus gastos, ¿en qué cosas te deleitas?

Cuando obtienes una cantidad extra de dinero que no esperabas, ¿se centra primero tu corazón en lo que quieres comprar para ti, o en la salud y la salvación que puedes brindar a los demás con esos recursos? Según lo muestran tus gastos, ¿en qué cosas te deleitas?

Revisa a fondo tu chequera. ¿Qué cosas son las que amas, según lo muestra ese registro de gastos?

Según el modo en queahorras, ¿qué cosa te brinda seguridad?

¿En quién confías para que cuide de ti en el futuro? ¿Necesitas ahorrar *tanto*? Hay personas que están sufriendo *ahora*, y Dios te ha dado recursos ahora para ayudarlos. ¿No podríamos ahorrar moderadamente y donar de un modo fuera de lo común? ¿No podemos confiar en que el Dios que nos provee hoy también nos cuidará mañana?

¿De quién es el reino que estás construyendo?

La pregunta más importante que todo discípulo de Cristo debe hacerse es cuál reino es su *principal* objetivo. Deja de pensar tanto en la cantidad que das y piensa en cambio en el reino que estás buscando. Seguir a Jesús significa ver tu vida como una semilla que se plantará para el reino de Dios.

> La pregunta más importante que todo discípulo de Cristo debe hacerse es cuál reino es su principal objetivo.

Entonces, pregúntate: *¿Qué has hecho con la mayoría de tus recursos hasta este momento en tu vida? ¿Cómo estás aprovechando tus talentos ahora para el reino de Dios? ¿En qué has gastado la mayoría de tu dinero hasta ahora? ¿Dónde se encuentra la mayor parte de tu tesoro?*

Despertar del «sueño americano» a «la realidad del evangelio»

Los cristianos estadounidenses han vivido en una cultura saturada por algo que hemos aprendido a llamar «el sueño americano». El sueño americano es, en esencia, algo bueno. Era la promesa de libertad; la libertad de buscar la vida y la prosperidad sin restricciones gubernamentales o sociales.

> Como discípulo de Jesús, lo que más importa es lo que hago con la riqueza que el sueño americano me ha brindado.

Estoy muy agradecido de vivir en un país que ha hecho que sea fácil llegar a ser relativamente rico. He vivido en el extranjero bajo dictaduras y he visitado muchos países comunistas. Créeme, amo el sueño americano.

Sin embargo, como discípulo de Jesús, lo que más importa es lo que hago con la riqueza que el sueño americano me ha brindado. Jesús no me puso aquí en la tierra para buscar mi propio beneficio. Me puso aquí para aprovechar mis bendiciones, incluido el sueño americano, para los propósitos del evangelio.

Las personas que mueren sin Cristo van al infierno para siempre. La única forma en que pueden escuchar sobre el evangelio es a través de nosotros. Estamos en una batalla, y las bajas son reales. Debemos despertar del sueño americano a la realidad del evangelio.

Solo tenemos una vida, y poco tiempo para vivirla. Por lo tanto, debemos aprovecharla en todo lo que vale la pena. Y piensa en esto, con seriedad: pronto nos presentaremos ante el Rey Jesús, y rendiremos cuenta de lo que hicimos con lo que Él puso en nuestras manos.

¿Nos atrevemos a utilizar los recursos que nos brinda un Salvador, que derramó Su sangre y murió por nosotros, para llenar nuestra vida con gratificaciones y privilegios que simplemente hacen que sea más placentera?

Te reto a orar la tercera parte de «La oración del evangelio» con relación a tus recursos, y luego a que sigas el camino que Dios te indique.

Te advierto, orar esta oración con sinceridad es peligroso. Podría cambiar radicalmente tu vida. Pero Jesús, el evangelio y las personas perdidas de todo el mundo lo ameritan.

> Pronto nos presentaremos ante el Rey Jesús, y rendiremos cuenta de lo que hicimos con lo que Él puso en nuestras manos.

Como has sido conmigo, así seré con los demás.

CAPÍTULO 9

Una misión urgente

El evangelio nos obliga a responderles a los demás como Cristo nos ha respondido a nosotros. Es por eso que oramos: *Como has sido conmigo, así seré con los demás.*

Primero hemos visto cómo esto cambia la forma en que perdonamos a los demás, y después cómo nos obliga a cederles nuestros recursos para su bendición. Quiero hablar ahora sobre cómo nos empuja hacia los confines de la tierra.

Cuando me entregué por primera vez a Jesús, le dije que haría lo que Él me pidiera que hiciera. Todo lo que necesitaba eran algunas instrucciones. Esperaba algún tipo de experiencia como la del «camino de Damasco», donde Dios me sacara de mi auto y me dijera el plan, o al menos que en el cereal Cheerios del desayuno apareciera escrito lo que quería de mí. Algo así como, «J.D., lleva el evangelio a Afganistán». Pero nada de eso jamás sucedió. No hubo luces brillantes, ni voces y todo lo que pude ver en mi cereal fue «OOOOOOOOOOOO».

De modo que elegí una carrera profesional en la que pensé que sería bueno y seguí adelante. Pero durante mi penúltimo año en la universidad, Romanos 2:12 me atrapó: «Todos los que han pecado sin conocer la ley, también perecerán sin la ley; y todos los que han pecado conociendo la ley, por la ley serán juzgados».

En Romanos, Pablo argumenta por qué la fe en Jesús es necesaria para la salvación, por qué las personas tienen que escuchar de Jesús para poner su fe en Él y cómo somos los únicos de quienes pueden escucharlo. En Romanos 2:12, Pablo explica que incluso aquellas personas que no han oído sobre Dios deben rendir cuentas ante Él, porque Dios se les ha revelado lo suficiente a través de sus conciencias y el esplendor de la creación. Es posible que nunca hayan oído el nombre de Jesús, pero saben que hay un Dios, y han rechazado Su autoridad y Su gloria. Todos nosotros, religiosos o no, por igual, hemos rechazado a Dios. Por eso, todos estamos condenados. Por lo tanto, concluye Pablo, nuestra única esperanza es una «segunda oportunidad» inmerecida, y eso ocurre al escuchar el evangelio.

Es difícil describir lo que sucedió esa mañana cuando leí este versículo. Era como si de repente esa verdad se convirtiera en realidad. Lo había entendido antes, de manera proposicional, pero por primera vez en mi vida sentí su peso. Fue casi como cuando miras una de esas imágenes 3D, que de repente salta ante tu vista cuando la enfocas de la manera correcta. La realidad de que hay pueblos enteros que perecen sin haber escuchado nunca hablar de Jesús, se apoderó de mi alma.

Como puede ver, a lo sumo un tercio de nuestro mundo es cristiano, si cuentas a todos los que dicen serlo. Eso significa que *al menos* 4500 millones de personas no son cristianas, según su propia admisión y, por lo tanto, están separadas de Dios. El Joshua Project [Proyecto Josué], una organización de investigación para el apoyo de las misiones cristianas, nos dice que, de esos 4500 millones, al menos 2250 millones tienen poco o ningún acceso al evangelio.

Son 2250 millones de *seres humanos*.

Es fácil perderse en esa estadística. Stalin una vez expresó: «La muerte de una persona es una tragedia. La de un millón es solo una estadística». Esta es una afirma-

> Para ellos, ir al infierno es la misma tragedia que sería para ti o para mí.

ción escalofriante que proviene de un loco, pero hay algo de verdad en ella. Las estadísticas te abruman. Pero cuando nos enfrentamos a la muerte de un individuo, sentimos compasión porque vemos en esa persona un reflejo de nosotros mismos. Nos identificamos con su dolor.

Estos 2250 millones son personas creadas a la imagen de Dios, como tú y como yo. Tienen las mismas necesidades, carencias, penas y deseos que nosotros. Cada una es el hijo o la hija de alguien. Muchos son la mamá o el papá de alguien. Saben lo que es estar solo y asustado. Para ellos, ir al infierno es la misma tragedia que sería para ti o para mí.

A medida que el peso de 2250 millones de *personas* perdidas sin Dios oprimió mi alma, sentí que me ahogaba. Me quedé allí sentado, sin palabras.

No parecía correcto continuar mi vida, tratar de alcanzar mis sueños y esperar a que Dios me dijera qué hacer. Sabemos lo que Él quiere que hagamos. Imagínate que vas caminando por una vía férrea y te encuentras con un niño pequeño sobre los rieles, herido e incapaz de moverse. Oyes a lo lejos un tren que se acerca. Si recoges al niño, lo salvarás; si no, morirá. ¿Qué haces? ¿Te pones de rodillas, oras, le preguntas a Dios cuál es Su voluntad y esperas a que un sentimiento cálido y confuso te confirme que Su voluntad es que rescates al niño?

Por supuesto que no. Tú sabes cuál es la voluntad de Dios. Salvar al niño.

La gente habla de «llegar a conocer» la voluntad de Dios. En realidad, Su voluntad no es «desconocida»

En relación con los grupos de personas a quienes no ha llegado el evangelio, sabemos cuál es la voluntad de Dios: «El Señor [...] no quiere que nadie perezca, sino que todos se arrepientan» (2 Ped. 3:9). La gente habla de «llegar a conocer» la voluntad de Dios. En realidad, Su voluntad no es «desconocida», Su voluntad es que la gente perdida escuche sobre Jesús y se salve. Esa mañana, al enfrentar esa realidad, tenía tres opciones:

1. *Podía negarla*. Podía negar la clara enseñanza de Romanos respecto a que las personas están perdidas hasta que oigan hablar de Jesús y crean en Él. Elegir lo que quieres creer de la Escritura se llama «liberalismo». Adaptas la Biblia para que se ajuste a tus preferencias personales. Pero la Biblia no es un bufet donde tomas lo que quieres y dejas lo que no quieres. Tú y yo no juzgamos la Biblia; ella debe juzgarnos a nosotros. El camino del liberalismo es un callejón sin salida.

2. *Podía ignorarla*. Podía volver a esconder mi cabeza en la arena e ignorar que a mi alrededor se pierden miles de millones de personas. Podía continuar con mi vida, dejar que Jesús me lleve al cielo y me dé plenitud y significado. ¿Pero cómo podría hacer eso ahora, luego de saber lo que sé? Ignorar la verdad no la cambia. Lamentablemente, creo que esto es lo que hace la gran mayoría de la iglesia evangélica con su conocimiento

sobre el cielo y el infierno. Continuamos con nuestras vidas como si el infierno no fuera real, o como si no hubiera 2250 millones de personas que no tienen la oportunidad de escuchar el evangelio sino es a través de nosotros. Jugamos mientras la gente muere.

3. *Podía abrazar esa verdad.* Sabía que sería algo radical y que provocaría una reorientación drástica de mi vida.

Elegí la tercera. Esa mañana, mi oración sobre qué hacer con mi vida cambió de «Dios, si me haces ver en mi cereal adónde quieres que vaya, iré», a «Dios, aquí estoy. Por favor envíame. Usa mi vida, al máximo, para llevar la salvación a otros».

Creo que esa es la oración que todo discípulo de Jesús debe orar. Nuestra oración no debe ser «Dios, si me haces un llamamiento especial para que haga algo con relación a la perdición del mundo, lo haré». Esa oración carece de sentido, pues Él ya nos ha dicho lo que quiere para el mundo. Nuestra oración debe pedirle a Dios que nos guíe hacia nuestra función específica. La pregunta ya no es si debemos participar en la Gran Comisión. La pregunta es *cómo* debemos participar.

Dios respondió mi oración al permitirme vivir durante un tiempo en el extranjero entre personas a quienes no había llegado el evangelio, y ahora me permite pastorear una iglesia que envía a cientos de estudiantes y jóvenes cada año para llevar el nombre de Cristo adonde no es conocido.

Cada discípulo de Jesús debería pedirle a Dios que use su vida al máximo para Su reino. Las misiones en el extranjero no serán la respuesta de Dios para todos. Pero si realmente hemos experimentado el evangelio, le pediremos a Dios que nos use en Su misión. Expresaremos algo así como: «Señor, permite que mi vida sea una semilla plantada en la tierra para los demás, como fue la tuya para mí. Permite que mis sueños mueran para que otros puedan vivir. Muéstrame la mejor forma de invertir mi vida para ti y no para mí. "Como has sido conmigo, quiero ser con los demás"».

¿Dónde estarías sin Jesús?

Piénsalo; ¿cómo podríamos no orar así? ¿Dónde *estarías* sin Jesús? Según Pablo, estarías exactamente en la misma situación en que están muchas personas en el mundo si te niegas a aceptar la tarea (Rom. 10:14-17).[39] Martín Lutero expresó que no importaría si Jesús hubiera muerto 1000 veces si nadie hubiera oído hablar de Él. Somos la única forma en que las personas se enteran.

Sin embargo, debemos recordar, no sea que carguemos un peso superior a nuestras fuerzas, que el trabajo de la salvación es de principio a fin la obra de Dios. El Señor no nos asignó la Gran Comisión como si esperara que nosotros la lleváramos a cabo por Él. Así como Jesús es el único que puede salvar, de igual modo es el único que empodera y provee para la misión. Incluso después de explicar que las personas solo pueden ser salvas si les predicamos, Pablo señala: «¿Y cómo predicarán si no "son enviados"?» (LBLA). No dice: «¿Y cómo oirán a menos que "vayamos"?», sino «¿Cómo pueden oír a menos que "nos envíen"?». Pablo mira hacia el cielo para la consumación de la tarea. El Espíritu Santo tiene que enviarnos antes de que podamos ir y hacer algún bien. El Espíritu Santo nos unge, nos da la tarea y nos proporciona los recursos. Nos usará en el proceso, a nosotros y a nuestras cosas; pero no te confundas, Él lo hace *a través de nosotros,* pero no nos dice que tenemos que hacerlo *en Su lugar.* Nos prometió que *Él* edificaría Su iglesia a través de nosotros, no nos encomendó que hiciéramos ese trabajo por Él.[40]

Dicho esto, la falla en el proceso de enviar, ir, predicar, oír y creer no está en el «enviar» de Dios. Radica en nuestro «ir». Cuando nos presentamos ante Dios dispuestos para ir, puedes estar seguro de que Dios nos enviará gustosamente.

Eso es lo que hice aquella mañana en mi dormitorio: me presenté a Dios y le pedí que me usara. Pedí ser la semilla puesta en el suelo para morir. Durante 18 años Dios ha dado respuesta a mi oración. Esto ha incluido tareas en el extranjero y algunas al otro lado de la calle.

Cuando oras la tercera parte de «La oración del evangelio» *(Como has sido conmigo, así seré con los demás)* prepárate para que Dios te guíe a hacer algo extraordinario. Prepárate para una reorientación radical de toda tu vida.

Nuestras libertades en oposición al evangelio

Todos tenemos sueños sobre lo que nos gustaría hacer con nuestra vida. Pero, ¿estamos dispuestos a dejarlos morir para que Dios pueda usarnos en Su reino?

Una de mis historias favoritas sobre la vida de Pablo nos muestra cómo vivió de esa manera (Hech. 16:16-34). Pablo había sido encarcelado en una prisión romana, no por algo mal hecho, sino por algo que hizo bien. Había librado a una joven de la explotación demoníaca y económica. Sin embargo, en lugar de ser recompensado, fue azotado, al estilo romano, y luego encarcelado. Pero mientras permanecía encadenado aquella noche, con heridas abiertas y sangrantes, comenzó a reflexionar sobre la bondad de Dios hacia él y lo adoró con un himno.

En respuesta, Dios envió un terremoto. Los muros de la prisión cayeron y las cadenas de Pablo se soltaron.

Era un hombre libre.

Y también era una libertad dada por Dios. Después de todo, ¿no fue Él quien envió el terremoto? Pablo sabía que

Dios a veces enviaba ángeles para liberar a Sus mensajeros; así había sucedido con Pedro en un capítulo anterior (Hech. 12). ¿No hubiera sido razonable concluir que esto lo había enviado Dios también? ¡Seguramente era una respuesta a la oración!

Sin embargo, mientras Pablo se preparaba para salir, vio a lo lejos a un soldado romano con la espada desenvainada a punto de suicidarse. La regla en aquellos días era que, si un soldado romano perdía un prisionero, por alguna razón, tenía que pagar con su propia vida. Pablo ya estaba libre, pero vio a otro hombre encadenado.

Era el momento de decidir. Allí estaba Pablo, tenía su libertad dada por Dios, pero vio a su carcelero romano presto a suicidarse. ¿Qué hizo Pablo? Renunció a su libertad y regresó a la prisión, alegre y voluntariamente, para poder compartir el evangelio con su carcelero.

El soldado romano, abrumado por todo lo ocurrido, preguntó con una voz trémula: «Señores, ¿qué tengo que hacer para ser salvo?» (Hech. 16:30). No puedo evitar leer en esas palabras otra pregunta: «¿Por qué, Pablo? ¿Qué te llevó a hacer esto? ¿Por qué te preocupas por mí?».

Luego, en una carta a la iglesia de Filipos (¡que para entonces incluiría a ese carcelero filipense!), Pablo explica por qué haría algo así. Aclara que él mismo había estado en peligro de muerte cuando Jesús le dio la espalda a Su libertad para rescatarlo. Como Jesús compartió el cautiverio de Pablo, para salvarlo, entonces solo tenía sentido que Pablo hiciera lo mismo por los demás (Fil. 2:5-11).

Vivimos en un mundo de cautivos, tanto físicos como espirituales. Una vez estuvimos en esa situación.

¿Dónde estarías si Jesús hubiera decidido administrar Sus recursos como tú administras los tuyos?

¿Qué haces con tu vida? ¿Cómo aprovechas tus recursos, tu tiempo libre y tus talentos para que la salvación llegue a los demás?

¿Has evaluado tus talentos, tus oportunidades y los has aprovechado para obtener el máximo beneficio para el reino? Este no es solo el deber de unos pocos elegidos que han sido llamados. Honestamente, a veces creo que inventamos toda esta fraseología del «llamado» para ocultar la realidad de que la mayoría de los cristianos no viven como discípulos de Jesús. La respuesta de

> Honestamente, a veces creo que inventamos toda esta fraseología del «llamado» para ocultar la realidad de que la mayoría de los cristianos no viven como discípulos de Jesús.

todo aquel que ha experimentado la gracia de Jesucristo es la generosidad radical y el compromiso radical con la misión. Seguir a Jesús, ser Su discípulo, significa vivir como Él lo hizo, aprovechar la vida en beneficio de los perdidos.

¿Estás usando tus dones, tu tiempo y tus oportunidades para enriquecerte o para bendecir al mundo con el conocimiento de Jesús?

No puedo decirte exactamente cómo debes invertir tu vida al servicio del reino de Dios. Él ha puesto en Su cuerpo una variedad tan maravillosa de dones y pasiones que esto se manifiesta de una forma diferente para cada uno de Sus seguidores.

Tal vez puedas vivir con mucho, mucho menos de lo que ganas, y donar el resto.

Tal vez podrías usar tu habilidad comercial en el extranjero, en un lugar donde Cristo no es muy conocido. Quizás podrías crear empleos para la gente allí.

Tal vez podrías dedicar tu tiempo a servir a los pobres en tu comunidad.

Tal vez podrías mudarte a un vecindario pobre en tu propia ciudad para ser la presencia de Cristo allí.

Tal vez podrías utilizar tus vacaciones para ir en viajes misioneros alrededor del mundo.

Durante los últimos años en nuestra iglesia, he visto a personas responder al evangelio de las formas más increíbles. Algunos han renunciado a trabajos corporativos bien remunerados para formar parte de nuestro personal. Conozco a un matrimonio y sus dos hijos adolescentes que abandonaron «el sueño americano» y se fueron a vivir a un país musulmán fundamentalista. He visto a personas donar sus propiedades de inversión para que podamos expandir nuestros ministerios. He visto a gente abandonar barrios agradables para irse a vivir a guetos. Conozco a un estudiante universitario que rechazó una oferta de trabajo de varios cientos de miles de dólares para ir a fundar iglesias. He visto a estudiantes cambiar de especialidades con un alto potencial de ingresos a otras de más bajo potencial porque pensaban que así serían más útiles para la Gran Comisión. He visto a otros que aceptaron empleos bien remunerados y los aprovecharon para el testimonio público. He visto a personas que participan en nuestros ministerios de estudiantes y niños. El mes pasado, 25 miembros de nuestra congregación partieron a Denver, Colorado, para establecer una iglesia en una parte no alcanzada del centro de la ciudad. He visto a familias abrir sus casas a los refugiados. Tenemos todo un ejército de personas en nuestra iglesia que han adoptado niños de todo el

> Jesús no vino a hacer ligeros cambios en nuestro estilo de vida. Nos llamó a vivir por un reino completamente diferente.

mundo, no porque no pudieran tener uno biológicamente, sino porque querían hacer por alguien lo que Jesús había hecho por ellos. Estas personas quieren tener algo que poner a los pies del Rey Jesús cuando venga de nuevo.

¿Todo esto te parece radical? Si es así, *entonces lo estás entendiendo*. Jesús no vino a hacer ligeros cambios en nuestro estilo de vida. Nos llamó a vivir por un reino completamente diferente, a levantar Su cruz y vivir como Él lo hizo.

Deja de esperar que Dios te diga que ofrezcas tu vida por el reino. Él ya lo hizo. En cambio, pídele que te muestre *la mejor manera* de hacerlo.

Oro para que te des cuenta de la perdición del mundo y reordenes tu vida en vista de esa realidad.

«¡Pero tú eres el único cristiano que he conocido!»

Durante dos años fui a establecer iglesias en el sudeste asiático. La última conversación que tuve allí, hace casi diez años, dejó una marca indeleble en mi vida.

Un amigo islámico, al que llamaré Ahmed, vino a despedirse. Había sido mi mejor amigo allí. Nuestra amistad comenzó en un momento muy solitario de mi vida y hablamos, viajamos, estudiamos y pescamos juntos durante dos años.

Varias veces había intentado hablarle de Jesús, pero Ahmed parecía ansioso por evitar el tema. Se mantenía tan comprometido como siempre con la religión musulmana. Era como un «pastor de jóvenes» islámicos que dedicaba sus tardes a ayudar a niños y adolescentes desfavorecidos. Cuando le hablaba de Jesús, él sonreía y decía: «Eres un buen hombre de fe. Naciste en un país cristiano y honras la fe de tus padres. Yo nací en un país musulmán y honro la fe de los míos. Naciste cristiano y morirás cristiano. Nací musulmán y moriré musulmán».

Una semana antes de irme, sabía que tenía que tener otra conversación con él. Entonces, nos sentamos y abrí mi corazón por completo. Le dije que, según la Biblia, solo aquellos que han creído en Jesucristo para el perdón de sus pecados pueden entrar en el reino de Dios. Durante quince minutos, escuchó cortésmente. Luego me agradeció por mi amistad y se marchó.

No volví a verlo hasta el día en que me preparaba para regresar a casa. Unos minutos antes de partir, vino a despedirse. Podía notar que algo había en su mente, así que le pregunté al respecto.

—Nuestra conversación de hace una semana —dijo—. Después de hablar, sentí lo mucho que te admiraba por decirme tan directamente lo que creías. Pero luego no reflexioné más sobre el tema. *Él es cristiano; yo soy musulmán*, pensé; así es como nacimos, y así es como siempre será. Pero siete días después de nuestra conversación tuve un sueño. Al principio creí que era uno de esos sueños que tengo cuando como pescado muy condimentado. He tenido ese tipo de sueños. Pero este era diferente… En mi «sueño», estaba de pie sobre la tierra cuando de repente ante mí apareció el «camino recto y angosto» que lleva al cielo.[41] Y cuando miré hacia adelante en ese camino que conduce al cielo —dijo—, ¡*tú* estabas allí! Llegaste a la entrada del cielo, pero estaba bloqueada por enormes puertas de bronce. Pensé: *Ahí es donde termina tu viaje. ¿Quién tiene el poder de abrir esas puertas?* Pero entonces, mientras yo observaba, alguien del otro lado te conoció. Llamaron tu nombre y las puertas se abrieron de par en par para ti, y entraste… y mi corazón se entristeció porque realmente quería ir contigo. Pero en eso, las puertas se abrieron de nuevo y saliste, regresaste por el camino, extendiste tu mano hacia mí, que estaba aquí en la tierra, y me llevaste contigo al cielo. ¿Crees que Dios esté tratando de decirme algo?

No fue difícil interpretar este sueño.

Durante una hora lo guie por Romanos y Hechos, mostrándole cómo Jesús, el Dios-Hombre, vino a la tierra, vivió como nuestro sustituto, murió nuestra muerte, resucitó y ofreció la salvación a todos los que creyeran.

Lo que Ahmed dijo a continuación es algo que nunca podré olvidar. Expresó:

—*Sé* por qué Alá me dio ese sueño. Me está diciendo que Dios te envió aquí para mostrarme el camino que conduce al cielo. Debes enseñarme los caminos de Dios y explicarme Su *Injil* (evangelio). Pero hoy, amigo mío, te vas a casa, y probablemente nunca volveremos a vernos. Eres el único cristiano que conozco. ¿Quién me enseñará el camino de Dios?

Me encantaría decirte que se hizo creyente. Lamentablemente no se convirtió, y, que yo sepa, no lo ha hecho.

Vivimos en un mundo lleno de Ahmeds, y no son una estadística, son personas.

> Eres el único cristiano que conozco. ¿Quién me enseñará el camino de Dios?

¿Realmente has pensado lo que eso significa para nosotros?

No podemos aparentar que no es así. En una ocasión, alguien le preguntó a Charles Spurgeon si pensaba que las personas que nunca habían oído hablar de Jesús podrían ser salvas. Su respuesta fue algo así como: «No creo que puedan serlo, pero sería mejor preguntarse: ¿Cómo pueden ser salvos aquellos de nosotros que han conocido a Jesús y no lo han llevado a quienes no han escuchado de Él?».

Hace varios años escuché la historia de un hombre que conducía su automóvil por una autopista interestatal en las afueras de Los Ángeles, ya tarde en la noche. Un fuerte terremoto sacudió la región y el hombre detuvo su automóvil a un lado de la carretera. El terremoto fue grande, pero solo duró unos segundos. Entonces, el hombre regresó con su auto a la carretera, giró a la izquierda hacia un puente y comenzó a cruzarlo. Casi a mitad del puente, notó que las luces traseras del automóvil que tenía delante habían desaparecido. Se detuvo, salió y se dio cuenta de que una sección del puente había colapsado durante el terremoto. Aquel automóvil había saltado, a toda velocidad, y caído al agua desde casi 75 pies (23 m) de altura.

El hombre miró hacia atrás y se dio cuenta de que varios autos se dirigían hacia la parte colapsada. Comenzó a agitar sus brazos frenéticamente. Las personas que cruzan un puente en las afueras de Los Ángeles a las 3 a.m. no se detendrán por lo que parece ser un demente al costado de la carretera, por lo que vio pasar cuatro automóviles que se precipitaron hacia la muerte.

De pronto vio un gran autobús que se aproximaba. Decidió que, si ese autobús iba a precipitarse al agua, tendría que arrollarlo a él primero. Se paró en la vía y agitó sus brazos. El conductor tocó el claxon, apagó y encendió las luces, pero el hombre no se movió. Entonces el conductor se bajó, vio el peligro y colocó el autobús de forma que no pasaran más autos.

¿Qué habrías hecho si hubieras sido tú el que descubre la rotura del puente? Probablemente hubieras hecho exactamente lo mismo; rogarle con vehemencia a las personas que se detuvieran.

Quienes en el mundo no conocen a Cristo se dirigen a una destrucción mucho peor que la que representa un puente caído. Millones se dirigen a esa destrucción ahora.

Todos los días debes pensar en lo que Cristo entregó para que no perecieras. Entonces, debes pedirle a Dios que te ayude a hacer por los demás lo que Él hizo por ti.

De nuevo, te advierto: esta es una oración peligrosa.
Provocará en ti algunos cambios radicales. Así que te reto
a orar:

Como has sido conmigo, así seré con los demás.

CAPÍTULO 10

Espera grandes cosas

¿Cuándo fue la última vez que oraste por algo que realmente haya sucedido? Tal vez ha pasado algún tiempo. Pero piensa en ese momento y permíteme hacerte otra pregunta: Cuando Dios obró, *¿te sorprendiste?*

En la oración del evangelio, hasta ahora hemos considerado: 1) la gratuidad de la aceptación que Dios hace de nosotros, 2) el peso que esto debería tener en nosotros y 3) cómo esto demanda una respuesta radical de generosidad hacia los demás. En esta parte final de «La oración del evangelio», veremos cómo el evangelio nos lleva a una fe audaz y a grandes tentativas en nombre de la Gran Comisión.

Aquí está:

> *Al orar, mediré tu compasión por la cruz*
> *y tu poder por la resurrección.*

Jesús hizo una promesa muy importante a Sus discípulos en Juan 15. Afirmó que si «permanecemos en Él» (es decir, permanecemos en Su amor), podríamos pedir lo que queramos y nos lo daría. Si viviéramos conscientes de Su amor *por los demás*, el tipo de poder que podríamos aprovechar en la oración te dejaría perplejo.

> La mayoría de estos milagros no sucedieron porque alguien actuara bajo el mandato directo, expresado verbalmente, de Dios.

Hace algunos años realicé un estudio de los principales milagros en la Escritura. Al profundizar en el tema encontré algo que nunca antes había notado. La mayoría de estos milagros no sucedieron porque alguien actuara bajo el mandato directo, expresado verbalmente, de Dios. La mayoría ocurrió porque alguien percibía lo que Dios probablemente quería hacer en una situación dada y le pedía a Él que lo hiciera. La iniciativa del milagro surgía de las personas.

Un buen ejemplo de esto es la historia de Sadrac, Mesac y Abednego.

En caso de que no estés familiarizado con esa historia, he aquí un breve resumen de la trama: Nabucodonosor es un rey egoísta, bajito y medio calvo que ha reunido a todos los miembros de su reino global para que se postren ante una estatua suya de 90 pies (unos 27 m), porque todavía le molesta que la gente se haya burlado de su extraño nombre durante toda la escuela secundaria. (Se han tomado libertades en la interpretación).

Sadrac, Mesac y Abednego se niegan a hacerlo porque saben que solo pueden postrarse ante el Dios de Israel. Entonces, cuando la música comienza, no se inclinan, y llaman la atención como un campesino que asiste a la ópera.

Nabucodonosor los llama y les exige explicar por qué se atrevieron a desafiar su autoridad. Él es el gobernante más poderoso del mundo y tiene un horno ardiente para demostrarlo. La respuesta que dieron siempre me intrigó. Hablan con una curiosa mezcla de certeza e incertidumbre sobre el plan de Dios para librarlos:

«Ciertamente nuestro Dios a quien servimos puede librarnos del horno de fuego ardiente; y de tu mano, oh rey, nos librará» (Dan. 3:17, LBLA).

Parecen bastante seguros que Dios está a punto de hacer algo espectacular para mostrarle a Nabucodonosor quién es el Rey. Pero luego dicen:

«Pero si no…» (v. 18).

¿Qué? Espera un momento, ¿y adónde fue a parar la confianza?

Confían en que Dios quiere mostrarle a Nabucodonosor y al resto del mundo que Él es el único Dios verdadero. Sin embargo, no tienen la certeza de que Dios hará eso mediante su liberación. Podría hacerlo al ayudarles a sufrir el dolor. Pero están seguros de que Él hará algo.

¿Por qué estaban tan seguros de que Dios usaría esta oportunidad para mostrar que Él era el único y verdadero Dios? Bueno, hay una pequeña frase al comienzo de Daniel 3 que debería llamar tu atención. Dice que Nabucodonosor había reunido a personas de todos los «pueblos, naciones y gente de toda lengua». Esta fue la primera vez que todas las naciones se reunieron después de la dispersión en la torre de Babel. (Antes de la torre de Babel, todos hablaban un mismo idioma, en Babel Dios los dividió en idiomas y los dispersó). Y ahora habían sido reunidos por un ególatra, dedicado al culto de sí mismo. Dios había dicho que reuniría a las naciones para que lo adoraran a Él.

Sadrac, Mesac y Abednego sabían que Dios no permitiría que Nabucodonosor ocupara Su posición. Entonces le pidieron a Dios que les mostrara a las naciones, a través de ellos, que Él era el Único que debía ser adorado. Y así sucedió. Nabucodonosor los arrojó al horno en llamas, pero salieron ilesos. Todos supieron que Dios, y no Nabucodonosor, era el verdadero Rey del mundo.

Atrévete a confiar en Dios

A Sadrac, Mesac y Abednego no se les había prometido que Dios aparecería y los vindicaría mediante la liberación; así lo indica su incierta respuesta a Nabucodonosor. Simplemente se atrevieron a confiar en Dios. Esta parece ser la norma cuando Dios obra en la Biblia.

Piensa en David cuando se acercaba a la línea de batalla para enfrentar a Goliat. En ninguna parte de 1 Samuel encontramos que Dios llamara a David para decirle lo que iba a pasar: «Muy bien, David. Esto es lo que sucederá. Vas a escuchar al idiota de Goliat bravuconear, y vas a salir con una honda de cuero y cinco piedras lisas. ¿Estás prestando atención, David? Dije cinco piedras lisas. Entonces…». No, David simplemente vio una situación en la que sabía lo que Dios quería hacer, y se atrevió a confiar en Él para hacerlo.

> Dios quería que tuvieran suficiente confianza en Él como para atreverse a ponerla en Él.

Estoy usando la palabra «atreverse» con toda intención. Cuando el pueblo de Israel entró en la tierra prometida, Dios le dijo: «¡Sé fuerte y valiente!» (Jos. 1:9). En español, «ser fuerte» y «ser valiente» suena algo redundante. En hebreo, sin embargo, las dos frases son diferentes. El verbo «ser fuerte» indica algo así como «ser atrevido, audaz».

Caleb, un octogenario lleno de fe en el Libro de Josué, hizo precisamente eso. Señaló una región montañosa sin conquistar y farfulló con su dentadura postiza: «Quiero conquistar esa montaña para Dios». Y luego subió cojeando con su andador y sacó a patadas a sus enemigos de allí (Jos. 14:11-12).

Unos años antes, Josué participó en una batalla en la que pensó que necesitaba un poco más de luz para terminar el trabajo. Entonces, le pidió a Dios que hiciera que el sol se detuviera (Jos. 10:1-14). En ninguna parte de la Biblia Dios prometió que haría que el sol se detuviera si Josué necesitaba días más largos. Pero Josué lo pidió de todos modos. Y Dios se lo concedió.

Dios no solo «detuvo el sol» para Josué, sino que «mandó del cielo una tremenda granizada que mató a más gente de la que el ejército israelita había matado a filo de espada» (10:11). En resumen, a Dios le encanta luchar por Su pueblo cuando Su pueblo entiende cuál es Su voluntad ¡y «se atreven a confiar» en que Él lo hará!

En todo caso, vemos que este principio se intensifica en la vida de Jesús.

En una ocasión una mujer se acercó a Jesús por detrás para tocar el borde de Su manto. Durante doce años había estado contaminada por un «flujo de sangre», un flujo menstrual que la hacía permanentemente impura. Había gastado todo su dinero en médicos, pero nadie podía ayudarla. Al escuchar sobre Jesús, pensó: *Apuesto a que Él puede hacer*

> A Dios le encanta luchar por Su pueblo cuando Su pueblo entiende cuál es Su voluntad ¡y «se atreven a confiar» en que Él lo hará!

algo... Tiene tanto poder que con tan solo rozar Su ropa podría curarme.

Cuando todos descubren lo que ella ha hecho, esperan que Jesús se enoje. Sin embargo, Su respuesta es todo lo contrario. Él expresa: «Hija, tu fe te ha sanado» (Luc. 8:48). Ella creyó en la compasión de Jesús, y eso es lo que encontró.

Probablemente mi parte favorita de esta historia es que Jesús inicialmente reaccionó como si no tuviera el control del poder sanador que salió de Su cuerpo. Él afirma: «Alguien me tocó, porque me di cuenta que de mí había salido poder» (Luc. 8:46, LBLA). Es casi como si la sanación saliera de Su cuerpo como un reflejo, una respuesta automática. ¿Cuál es la idea? Que la ayuda de Dios fluye como un reflejo hacia aquellos que confían en Su gracia y poder.

En otra historia recogida en Marcos 7, una mujer gentil, despreciada por la mayoría de los judíos, le pide a Jesús que expulse a un demonio de su hija. La respuesta de Jesús tiene que ser la declaración más políticamente incorrecta de todo el Nuevo Testamento: «No está bien quitarles el pan a los hijos y echárselo a los perros» (Mar. 7:27).

¿Perros? Eso no parece muy agradable. Algunos estudiosos intentan suavizar lo que dijo Jesús y argumentan que «perro» aquí significa más bien «cachorrito». Tal vez sea así, pero aún se está refiriendo a ella como un perro. Y llamar a alguien «perro» en aquella época era incluso peor de lo que sería hoy, ¡porque los perros eran inmundos!

La mujer no se enfada. Reconoce que la declaración de Jesús no es un insulto racial, sino una descripción de su indignidad. No pone en duda que no era digna de la atención de Jesús; en cambio, dice: «Sí, Señor; pero aun los perrillos, debajo de la mesa, comen de las migajas de los hijos» (v. 28, RVR1960). En otras palabras: «Jesús, hay tanta gracia y poder en tu mesa, que hay un suministro abundante incluso para un perro como yo».

¡Dios mío! Puso toda su esperanza en la compasión y el poder de Jesús. Y descubrió que era un suministro interminable.

Lo esencial aquí es que, en todas estas situaciones, las personas que recibieron el milagro no respondían a una «orden directa» de Dios. Simplemente percibieron la compasión y el poder de Dios, y luego le pidieron que actuara en consecuencia. Y Él respondió.

Permíteme darte otro ejemplo bíblico de ese tipo de presunción santa. En mi opinión este pasaje es uno de los milagros más importantes en el Nuevo Testamento por cómo nos muestra el ministerio.

> Las personas que recibieron el milagro no respondían a una «orden directa» de Dios. Simplemente percibieron la compasión y el poder de Dios, y luego le pidieron que actuara en consecuencia. Y Él respondió.

Un milagro que define el ministerio

Jesús había enseñado durante todo el día y las más de 5000 personas de Su auditorio tenían hambre. Entonces Jesús se volvió hacia Sus discípulos y les preguntó qué pensaban *ellos* que Él debía hacer. Esto era en verdad solo una «prueba», escribió el apóstol Juan: «… porque él ya sabía lo que iba a hacer» (Juan 6:6).

Una prueba. Entonces, ¿qué es lo que estaba «probando»? Quería ver si Sus discípulos entendían la disposición y la capacidad que Él tenía para alimentar a esa multitud.

Por supuesto, los discípulos fracasaron en esta prueba de manera lamentable. Uno de ellos le sugirió a Jesús que despidiera a la gente. Otro se mostró un poco irritado y dijo algo así como: «Sí, Jesús, gran idea… Todos podríamos ir a buscar trabajo y trabajar durante ocho meses y luego reunir nuestro dinero y podríamos comprarles a cada uno una lasca de salami y unas galletas». Sin embargo, Jesús tomó pacientemente los cinco pequeños panes y los dos pescados del almuerzo de un niño (esta era la Cajita Feliz hebrea) y los multiplicó para que hubiera doce canastas llenas de sobras, una para cada uno de los discípulos, para llevarlas a casa como recuerdo de su incredulidad.

Jesús les mostró ese día que no había límite en Su capacidad o disposición para alimentar a la multitud. *¿Por qué les estaba enseñando eso?* Porque por el resto de sus vidas iban a estar frente a multitudes espiritualmente hambrientas, necesitadas del evangelio, y debían conocer Su disposición y Su capacidad para alimentar a esas multitudes con el Pan de Vida.

Jesús no ha cambiado. Todavía está dispuesto y es capaz de alimentar a las multitudes. Lo que Él quiere que hagamos es que nos aferremos a Su voluntad, en oración, y liberemos Su poder en un mundo que lo necesita desesperadamente.

Fe intercesora

> La oración de intercesión no es informar a Dios en nombre de otra persona; es creer en Dios en nombre de otra persona.

En nuestra iglesia enseñamos un concepto llamado «fe intercesora». La fe intercesora significa creer, en representación de otra persona, en la buena disposición de Jesús. Muchas veces vemos la palabra «intercesión» y pensamos en la «oración». La intercesión es oración, por supuesto, pero a veces la gente cree que en la oración actuamos como una tira de noticias con los titulares de la CNN y le comunicamos a

Dios un montón de cosas que Él no sabría si no se las decimos. Después de nuestra oración, Dios expresa: «Oh… no tenía idea de que eso estaba ocurriendo. Gracias por decirme. Ahora puedo bajar y resolverlo».

La oración de intercesión no es informar a Dios en nombre de otra persona; es creer en Dios en nombre de otra persona.

Poco después de dejar el sudeste asiático, la isla en la que vivía fue devastada por un tsunami que se cobró la vida de casi 200 000 personas. Regresé allí unos meses después y me paré en la playa, enojado con Dios. *¿Por qué, Dios? ¿Por qué? Podrías haber dicho una palabra y enviado una ola de salvación. En su lugar, enviaste una ola de destrucción.*

Dios me habló en esa playa. No audiblemente, pero sí con claridad. Me dijo: «Quiero enviar una ola de salvación, y lo haré. Por eso quiero que estés aquí. Cree en mi bondad y mi poder, y libera así una ola de mi compasión en esta isla». Dios coloca a Su pueblo en situaciones donde quiere que crean en Su bondad y Su poder, y de este modo, los liberen en la situación.

> Debemos creer en la ternura y la generosidad de Dios hacia las personas perdidas.

Nuestro trabajo más importante es creer.[42] La fe desata el poder para la misión de Dios. Debemos creer en la ternura y la generosidad de Dios hacia las personas perdidas, y *pedir en consecuencia.*

Sin escasez

No hay escasez ni en la voluntad ni en la capacidad de Dios para salvar. La escasez radica en que no creemos que Él sea tan compasivo y poderoso como dice el evangelio que es.

¿Realmente crees que Dios es tan compasivo y poderoso como lo revela el evangelio? ¿La magnitud de tus oraciones refleja esa creencia?

Recientemente estuve orando por mis hijos, pues se sentían agobiados por algunos desafíos que enfrentaban. En medio de la oración, me llené de un sentimiento abrumador del *amor de Dios* por ellos. Fue un pensamiento bastante sorprendente: Dios ama a mis hijos aún más que yo.

En Lucas 11:11, Jesús expresó: «¿Quién de ustedes que sea padre, si su hijo le pide un pescado, le dará en cambio una serpiente?». ¿Alguna vez has hecho eso? ¿Tu hijo te pide un sándwich y le das una cobra viva? Por supuesto que no. Sin embargo, Jesús continúa: «Pues si ustedes, aun siendo malos, saben dar cosas buenas a sus hijos, ¡cuánto más el Padre celestial dará…!» (v. 13). *Malos* es una palabra muy fuerte para describir nuestra relación con nuestros hijos. La mayoría de nosotros ama a nuestros hijos. Pero comparado con el amor de Dios por ellos, nuestro amor parece «malo». Dios ama a mis hijos, y a cualquier otra persona por la que yo esté orando, más de lo que posiblemente yo pueda comprender.

> ¿Cómo serían tus oraciones si creyeras que la cruz fue realmente la medida de la compasión de Dios por las personas?

Cuando oras, ¿lo haces con conocimiento del gran amor de Dios por aquellos por quienes estás orando?

¿Cómo serían tus oraciones si creyeras que la cruz fue realmente la medida de la compasión de Dios por las personas?

Cuando Charles Spurgeon oraba por los enfermos de su congregación, sentía esa ternura. Solía llorar, dicen los biógrafos, y manifestaba algo así como: «Dios, no puedo soportar ver sufrir a mis hijos. ¿Cómo puedes soportar ver sufrir a los tuyos? Si pudiera ayudarlos, lo haría. ¿No mostrarás compasión aquí por tu hijo?».

Charles Spurgeon no era un teólogo tonto de esos que «nombran y reclaman». Reconoció que Dios a veces dice «no» a nuestras oraciones porque, en ese momento, Él tiene un plan mejor que la curación física. Pero eso no le impidió sentir mientras oraba la ternura de Dios por las personas. Spurgeon enarbolaba la bondad de Dios ante Dios y liberaba Su poder en la situación.

En el siguiente capítulo, explicaré un poco más a fondo cómo lidiar con la oración no respondida, pero baste decir aquí que nuestra confianza en la compasión y el poder de Dios no debe verse afectada cuando Él no responda a nuestras oraciones como nosotros creemos que debería hacerlo. La cruz es la medida de Su compasión, y la resurrección es la medida de Su poder. Cuando no podamos entender lo que Dios está haciendo respecto a nuestras circunstancias, podemos aferrarnos a lo que vemos revelado sobre Él en la cruz. Aún podemos saber que Dios es *bueno*. Se preocupa por nosotros, siente nuestro dolor e incluso llora cuando lloramos (Juan 11:35). Él es mejor padre con Sus hijos que nosotros con los nuestros. Deberíamos aferrarnos a eso mientras oramos.

¡Así que, pídele!

No parece haber límite para lo que Dios puede hacer cuando percibimos Su voluntad de ayudar y le pedimos que lo haga. Como expresó Jesús en Juan 15:7, si percibimos Su amor por los demás, y entendemos que vino a buscar y salvar a los perdidos, y que quiere traer la salvación a los pecadores para la gloria del Padre, entonces podemos pedir «lo que queramos», y Él nos lo concederá.

No hay escasez de compasión en Dios. La escasez está en nuestra voluntad de creer en esa compasión.

La tragedia de la oportunidad perdida

Aquí tenemos una idea importante que debemos considerar al concluir este capítulo: Si Dios está realmente dispuesto y es capaz de salvar como lo indica el evangelio, y una razón clave por la que no derrama ese poder es porque tú y yo nunca le pedimos que lo haga, ¿no nos hace eso en parte responsables de la sangre de millones de personas que podrían haber sido salvas, pero no lo fueron, porque nunca lo pedimos?[43]

Sé que la Biblia enseña que Dios es soberano y que salvará a todos los que ha determinado salvar, y ninguno se perderá (Juan 6:37,39). Pero la Biblia también nos enseña que Él ha puesto Su poder a nuestra disposición, para que lo liberemos por la fe. Él nos hará responsables si no logramos acceder a ese poder.

Hudson Taylor, el gran misionero en China, sintió esto *de una manera intensa*:

> *Tenemos que ver con Aquel que es el Señor de toda fuerza y poder, cuyo brazo no se acorta de modo que no pueda salvar, ni Su oído se endurece como para que no pueda oír; con Aquel cuya Palabra invariable nos ordena que pidamos y recibamos para que nuestro gozo sea pleno, que abramos nuestras bocas, para que Él pueda llenarlas. Y haremos bien en recordar que este Dios misericordioso, que ha condescendido a poner Su poder omnipotente a disposición de la oración creyente, no ve con ligereza la culpabilidad de aquellos que no se hacen de ese poder para el beneficio de los que perecen...*

En el estudio de la Palabra divina, aprendí que, para obtener trabajadores exitosos, no se hacen llamamientos en busca de ayuda, sino primero se ora fervientemente a Dios para que esos trabajadores den un paso al frente [...]. No tenía dudas de que, si oraba por compañeros de trabajo, en el nombre del Señor Jesucristo, se me darían. No tenía ninguna duda de que, en respuesta a tal oración, aparecerían los medios para nuestra partida, y que las puertas se abrirían ante nosotros en partes no alcanzadas del Imperio [...]. La sensación de culpabilidad se volvió más y más intensa. Simplemente porque me negué a pedirlos, los trabajadores no se presentaron, no salieron hacia China: ¡y cada día decenas de miles de personas en esa tierra iban a la tumba sin Cristo![44]

El evangelio nos revela cuán dispuesto está Dios para salvar. Debemos pedir en consecuencia.

Entonces, ¿dónde te ha puesto Dios, y en representación de quién debes creer? ¿Te das cuenta de cuánto poder hay disponible, si tan solo creyéramos?

Mateo 13:58 es uno de los versículos más tristes del Nuevo Testamento. Dice que Jesús no hizo muchos milagros en Nazaret «por la incredulidad». No era que Jesús no estuviera dispuesto o no pudiera obrar allí, sino que no había nadie que le creyera y por lo tanto liberara Su poder. No quisiera que eso se dijera nunca de mi ciudad, mi iglesia o mi familia.

Estoy seguro de que este libro ha llegado a manos de alguien cuya escuela o ciudad Dios quiere transformar. O tal vez Dios esté agitando tu corazón para que vayas a uno de los 6600 grupos étnicos que no han recibido el evangelio. Tal vez creas en la compasión de Dios por ese grupo y, a través de tu fe, su salvación se haga realidad. Tal vez eres el primer creyente en tu familia, y Dios usará tu fe para que el resto de

tu familia se acerque a Él. Estés donde estés, espera grandes
cosas de Dios y luego intenta grandes cosas para Él.[45]
Ora con la confianza que viene del evangelio:

*Al orar, mediré tu compasión por la cruz
y tu poder por la resurrección.*

CAPÍTULO 11

«Pero si no...»

Sadrac, Mesac y Abednego salieron del horno con las cejas intactas. Josué tuvo un período más prolongado de luz diurna. La mujer con el flujo de sangre fue sanada. Estos hechos nos dan confianza en la voluntad de Dios para ayudarnos y, por lo tanto, podemos orar con audacia:

Al orar, mediré tu compasión por la cruz
y tu poder por la resurrección.

Pero aquí surge una pregunta obvia: ¿Y si Él dice que no? Por cada liberación de un horno ardiente, hay diez mártires que mueren en las llamas. Entonces, ¿qué haces cuando el ministerio fracasa? ¿O tu amigo rechaza el evangelio? ¿O tu hijo adolescente se aleja de la fe? ¿O Dios no te sana?

He estado en situaciones en las que no he podido entender por qué Dios no me ha dado lo que le he pedido. Mis pedidos parecían estar en consonancia con Sus propósitos. Entonces, ¿por qué no respondió?

«Pero si no...».

Esas son las inquietantes palabras que Sadrac, Mesac y Abednego utilizaron para concluir su discurso ante el rey Nabucodonosor. Sabían que el plan de Dios podría no incluir su liberación, al menos en ese momento.

Que Dios no responda tu oración de la manera en que crees que debería hacerlo, no significa que sea menos compasivo o que tenga menos control. Ni siquiera significa que lo que estás pidiendo no coincida con Su voluntad.

Juan el Bautista era un hombre lleno del Espíritu con un ministerio impulsado por el Espíritu, pero su ministerio terminó en un (aparente) fracaso. Su popularidad desapareció. No hubo más soldados que se arrepintieran y fueran bautizados y los líderes judíos ya no se acobardaron ante su voz profética. Él «soñó grandes cosas para Dios» y fue decapitado.

Las oraciones llenas de fe y el ministerio lleno del Espíritu no siempre producen movimientos grandes e impresionantes.

La iglesia que ahora pastoreo es bastante grande, y estamos viendo algunas cosas de proporciones verdaderamente divinas suceder entre nosotros. Sin embargo, antes dirigí un ministerio universitario (en esta misma iglesia) y tenía la certeza de que Dios lo usaría para enviar a miles al campo misionero. Había aproximadamente 120 000 estudiantes universitarios en un radio de 50 millas (unos 80 km) alrededor de la iglesia, así que le pedí a Dios que iniciara un movimiento transformador del mundo entre ellos. Al final de dos años de trabajo llenos de fe, tuve unos veinte estudiantes en mi ministerio, la mayoría de los cuales no estaban muy comprometidos con la iglesia. Sobra decir que no fue exactamente la experiencia de Hechos 2 que yo había esperado.

Antes de eso, pasé dos años predicando a Cristo en un país extranjero, y esperaba que Él transformara aquella nación para Su gloria. Solo dos personas se acercaron a Cristo.

Hay ocasiones en las que le pides a Dios algo y no te lo da. Entonces, ¿qué significa eso? ¿Quiere decir que Dios no tiene una disposición tan buena hacia ti como habías pensado?

Las preguntas sobre por qué Dios permite la tragedia, el mal y el sufrimiento requieren que se les dedique un libro.[46] Pero lo que Dios siente por nosotros, y cómo se relaciona con nosotros, ha quedado establecido para siempre en el evangelio. En este capítulo, quiero que entiendas cómo debes responder cuando Dios no actúa según crees que debería hacerlo.

Cómo responder cuando Dios no actúa

¿Qué haces cuando pides grandes cosas según la compasión de Dios y no parece haber una respuesta?

1. Sigue pidiendo.

Jesús enseñó a Sus discípulos que algunas cosas Dios solo las daría en respuesta a la oración persistente. Para ilustrar esto, contó una historia sobre un juez irascible y deshonesto que le concedió a una pobre viuda su pedido simplemente porque ella le insistía y le hacia la vida imposible (Luc. 18:1-6). Luego nos dijo que la oración a veces funciona así.

Me alegra que Jesús haya hecho esta analogía, y no yo. ¿Comparar a Dios con un funcionario caprichoso e injusto? La idea de Jesús no era comparar al Padre con un juez injusto, sino *establecer un contraste*. Si incluso un juez injusto accede a la petición de una mujer simplemente porque ella insiste una y otra vez, entonces con seguridad Dios prestará atención a los pedidos persistentes de los hijos que Él ama. Lucas manifiesta que Jesús les contó esta historia a Sus discípulos porque no quería que dejaran de orar.

Muchas de las mayores victorias en el reino de Dios llegaron después de que parecía que la puerta se había cerrado definitivamente. Por ejemplo, la puerta parecía «cerrada» en el momento de sacar de Egipto a los hijos de Israel. Habían sido esclavos durante más de 400 años y su situación empeoraba, no mejoraba. La puerta parecía «cerrada» para que Elías le demostrara a Acab y a los hijos de Israel que Jehová era el verdadero Dios, pero Elías perseveró y construyó el altar de todos modos. La puerta parecía «cerrada» cuando Pablo pretendía llegar a Roma. Pero cada uno de estos grandes hombres de Dios siguió pidiendo y siguió creyendo. Si hubieran dejado de orar en la décima hora, habrían perdido la victoria que Dios tenía la intención de darles en la undécima. La iglesia primitiva oraba toda la noche para sacar a Pedro de la cárcel; evidentemente, una mención casual en una reunión de oración no era suficiente.

Puede que aún no hayas recibido tu respuesta, así que continúa pidiendo. En Lucas 11:9, la analogía que Jesús establece entre orar y llamar a una puerta refuerza esta idea: no llamas a la puerta una vez y esperas. Llamar significa tocar repetidamente a la puerta. Orar significa pedir una y otra vez.

> Pablo veía la presencia de adversarios, obstáculos y puertas cerradas como oportunidades para seguir persistente, no como señales para rendirse.

Pablo nos da una idea de su persistencia en la oración en 1 Corintios 16:9: «Se me ha abierto puerta grande y eficaz, *y* muchos son los adversarios» (RVR1960, énfasis añadido). No dice: «Una gran puerta parecía abierta para mí, *pero* muchos eran los adversarios, así que concluí que estaba cerrada», sino «Dios abrió una gran puerta *y* muchos son los adversarios». Pablo veía la presencia de adversarios, obstáculos y puertas cerradas como oportunidades para seguir persistente, no como señales para rendirse. En realidad, a Pablo se le dijo que *dejara* de pedir algo en 2 Corintios 12:9. Dios finalmente envió un mensaje y le comunicó: «Pablo, déjalo ya. No vas a obtenerlo. En cambio, obtendrás gracia adicional» (paráfrasis del autor).

Seré honesto contigo, este es un misterio para mí. Si es la voluntad de Dios darnos algo, ¿por qué no darlo la *primera* vez que lo pedimos? Lo que está claro es que Dios hace algunas cosas solo en

> Dios hace algunas cosas solo en respuesta a un pedido constante y sin tregua.

respuesta a un pedido constante y sin tregua. Entonces, continúa pidiendo.

2. Comprende que Dios a menudo lleva a cabo Su buen plan a través de nuestras oraciones «no respondidas».

Dios logrará todos Sus buenos fines. Pero a veces elige formas que son misteriosas para nosotros.

Hebreos 11 describe dos grupos de creyentes que recibieron dos tipos completamente diferentes de respuestas a sus oraciones:

«... [algunos] por la fe conquistaron reinos, hicieron justicia y alcanzaron lo prometido; cerraron bocas de leones, apagaron la furia de las llamas y escaparon del filo de la espada; sacaron fuerzas de flaqueza; se mostraron valientes en la guerra y pusieron en fuga a ejércitos extranjeros. Hubo mujeres que por la resurrección recobraron a sus muertos» (vv. 33-35).

Pero también hubo creyentes que:

«... fueron muertos a golpes, pues [...] no aceptaron que los pusieran en libertad. Otros sufrieron la prueba de burlas y azotes, e incluso de cadenas y cárceles. Fueron apedreados, aserrados por la mitad, asesinados a filo de espada. Anduvieron fugitivos de aquí para allá, cubiertos de pieles de oveja y de cabra, pasando necesidades, afligidos y maltratados» (vv. 35-37).

Esos son dos grupos muy diferentes. Pero el escritor de Hebreos señala que ambos son ejemplos de fe y muestra cómo Dios los usó para completar Su obra en la tierra: «Aunque todos obtuvieron un testimonio favorable mediante la fe, ninguno de ellos vio el cumplimiento de la promesa» (v. 39).

Sé lo que estás diciendo: «Por favor, Señor, déjame estar en el primer grupo». Yo también. Pero Dios tiene un propósito para ambos. Ambos son parte de Su plan. En un grupo, Dios mostró Su *poder* al darles lo que pidieron. En el otro, mostró Su *valía* al permitirles dar testimonio de que Él era mejor que la vida.

A fin de cuentas, el poder de Dios no tiene que ver principalmente con obtener la victoria en tu situación particular. Se trata de la gloria de Su nombre en la tierra. En ocasiones Su gloria se manifiesta al darte la victoria sobre un obstáculo; otras veces lo hace dejándote sufrir para mostrarle al mundo que Él es mejor que cualquier otra cosa en la tierra.

Esto tiene profundas implicaciones para una corriente particular de pensamiento religioso en nuestros días, conocida como «el evangelio de la prosperidad». Enseña que nunca es la voluntad de Dios que Su pueblo sea pobre, se enferme o tenga algún tipo de problemas. Los partidarios de tal creencia piden a las personas que vean el bienestar material y físico como la prueba de la bendición de Dios.

Permíteme ser franco: el evangelio de la prosperidad es una mentira. A Dios le encanta dar regalos a Sus hijos, y se deleita en nuestros éxitos. Pero la mayor prosperidad no es conducir un auto nuevo; es conocerlo a Él y llevar una vida que le dé gloria a Él. Predicar un mensaje que afirma que si vienes a Jesús, Él te hará rico, no solo está equivocado, sino que lleva a las personas a la idolatría en lugar de a la fe. Esto lleva a las personas a tratar de usar a Jesús, no a amarlo.

> Predicar un mensaje que afirma que si vienes a Jesús, Él te hará rico, no solo está equivocado, sino que lleva a las personas a la idolatría en lugar de a la fe.

Dios es glorificado cuando las personas enfermas se sanan, pero también es glorificado cuando los enfermos mueren bien. Esto lo apreciamos en la historia de Sadrac, Mesac y Abednego. Cuando salieron sin ningún daño del horno, Nabucodonosor dijo:

> «¡Alabado sea el Dios de estos jóvenes, que envió a su ángel y los salvó! Ellos confiaron en él y, desafiando la orden real, optaron por la muerte antes que honrar o adorar a otro dios que no fuera el suyo» (Dan. 3:28).

Nabucodonosor le dio gloria a Dios no solo porque Él libró a Sadrac, Mesac y Abednego, sino porque ellos mostraron que Dios era más valioso que la vida misma. Nabucodonosor nunca hubiera podido comprender eso si ellos no hubieran pasado por el fuego. El sufrimiento pone de relieve la valía de Dios sobre todas las cosas.

> La medida de la compasión de Dios no depende de si Él responde a nuestra petición como pensamos que debería hacerlo. Su compasión se mide por el evangelio.

Cuando las circunstancias que enfrentamos nos hacen preguntarnos dónde está Dios, afianzamos nuestras almas en el Dios que se entregó a sí mismo por nosotros en la cruz. Esto nos lleva al tercer principio.

3. Nunca dejes de creer.

Es fácil creer en el amor y el poder de Dios cuando ves que se manifiestan en tu situación. Sin embargo, creer en el amor de Dios es más difícil cuando no contesta tu oración de la manera que crees que debería hacerlo.

Durante años, los ateos han presentado un argumento en contra de Dios que se basa en la existencia del mal en el mundo. Es algo así como: *Si hubiera un Dios cuyo amor es infinito, querría detener el dolor. Si Su poder es infinito, podría detenerlo. Por lo tanto, dado que el dolor existe, Dios no existe.*

Tal vez te hayas hecho preguntas similares, incluso como creyente:

- Dios, ¿por qué no bendices mi ministerio?
- Dios, ¿por qué todavía no estoy casado?
- Dios, ¿por qué mi negocio no prospera? ¡Usaría los beneficios para bendecir a otros!
- Dios, ¿por qué no me sanas?
- Dios, ¿no lo ves? ¿Por qué no ayudas? ¿No te importa? ¿No me amas?

No puedo responder todos los «por qué», pero sí sé esto: No debemos reinterpretar lo que siente Dios por nosotros según la situación en que nos encontramos. La cruz establece para siempre lo que siente Dios por nosotros, y la resurrección nos muestra cuánto poder está usando para lograr Su buen plan en nuestra vida.

La cruz también nos señala los misterios de cómo obra Dios. Si alguna vez hubo un momento en el que parecía que Dios estaba ausente y que el mal tenía el control, fue cuando Jesús, que se supone que es el amado Hijo de Dios, fue torturado hasta la muerte. Ahora sabemos que nunca hubo un momento en que Dios estuviera *más* en control de los sucesos. Estaba logrando nuestra salvación en ese momento. Algo que parecía ser una gran victoria para el mal resultó ser la mejor parte de Su plan. Él no trajo la salvación a pesar de la cruz, sino *a través* de ella. Eso significa que Él está desarrollando Sus mejores planes, incluso en los peores momentos.

> No debemos reinterpretar lo que siente Dios por nosotros según la situación en que nos encontramos.

No debería sorprender que a veces las obras más grandiosas de Dios estén más allá de nuestra comprensión en este momento. Si la sabiduría de Dios está tan por encima de la mía como lo está Su poder, ¿acaso no tiene sentido que algunas de las formas en que Él expresa Su amor en la tierra podrían estar más allá de mi comprensión actual? Piensa en cuánto más grande es el poder de Dios que el tuyo. Él hizo las galaxias con una palabra; y tú no entiendes cómo hacer que el reloj de tu reproductor de DVD deje de parpadear «12:00». Si esta comparación muestra en alguna medida cuán superior es la sabiduría de Dios a la nuestra, ¿no te parece lógico que algunas de las cosas que Él hace puedan no tener sentido para ti hoy?

Según lo que aprendemos de Dios en el evangelio, podemos confiar en que a veces Él está llevando Su amor a nuestra vida incluso cuando no responde nuestras oraciones de la manera que queremos que lo haga. Él es nuestro Padre, y debido a que los padres saben más que los hijos, en ocasiones dicen que no a sus peticiones.

En el capítulo anterior, vimos cómo Jesús nos enseñó que Dios es un Padre amoroso. En Lucas 11, nos pidió considerar qué haríamos si nuestro hijo nos pidiera un pedazo de pescado para comer. ¿Le daríamos una cobra en su lugar? Bueno, ¿qué tal si tu hijo te pide una cobra? ¿Le darías *eso*? Espero que no. No lo harías *porque* lo amas.

Dios es un padre mejor y más sabio con nosotros que lo que somos nosotros con nuestros hijos. A veces dice que no *porque* nos ama y tiene un plan mayor que no podemos comprender en este momento. Mis hijos aún no pueden entender muchas de las razones por las cuales les digo «no». Mi hija de cuatro años pregunta: «Pero papá, ¿por qué no puedo poner este tenedor en esos pequeños agujeros en la pared, si cabe bien allí?». La «corriente alterna» está aún un poco más allá de su comprensión, así que solo le respondo: «Por ahora, hija, créeme. No pongas el tenedor en el tomacorriente».

¿Cuál es mayor, la brecha que hay entre mi comprensión de la realidad y la de mi hija de cuatro años, o la que hay entre *la mía y la de Dios*?

> Dios a veces responde nuestras oraciones y nos da lo que hubiéramos pedido si hubiéramos sabido lo que Él sabe.

Entonces, para mí tiene sentido que algo de lo que Él hace no tenga sentido para mí. Sin embargo, a veces las respuestas negativas de Dios a mis oraciones son lo más amoroso que Él podría hacer por mí. He escuchado esta idea expresada así: «Dios a veces responde nuestras oraciones y nos da lo que hubiéramos pedido si hubiéramos sabido lo que Él sabe».

La conclusión es la siguiente: Nunca debemos dejar de orar para que el poder de Dios entre en nuestra vida; pero, a fin de cuentas, reposamos en el amor de Dios de-

> Nunca debemos dejar de orar para que el poder de Dios entre en nuestra vida

mostrado en la cruz, incluso si no podemos entender cómo se está manifestando en este momento en nuestras circunstancias.

4. Permanecer en Jesús.

La oración sin respuesta a menudo te brinda la oportunidad de considerar si Jesús es realmente suficiente para ti. Como hemos aprendido, «permanecer en Jesús» significa, literalmente, «hacer nuestro hogar en Su amor por nosotros», para encontrar esperanza en el buen plan que Él está obrando en nosotros, incluso en nuestro dolor. Para encontrar satisfacción en Su presencia en nosotros, incluso cuando no tenemos nada más.

Esta mañana desayuné con un amigo con el que estuve en el seminario. Hace tres años, le diagnosticaron leucemia. Todos sus sueños respecto al ministerio se desvanecieron. Me dijo que mientras yacía en la cama del hospital, se vio obligado a preguntarse si realmente Jesús era suficiente para él. Si nunca iba a tener hijos y ninguno de sus sueños sobre el ministerio se hacía realidad, ¿era Jesús suficiente para ser feliz?

A veces Dios te quita el éxito para que puedas comprender dónde realmente moras. En ocasiones, Dios quiere que solo lo tengas a Él para que puedas entender que Él es en verdad suficiente. Como afirma Larry Crabb:

> En ocasiones, Dios quiere que solo lo tengas a Él para que puedas entender que Él es en verdad suficiente.

«Es posible que nunca sepas realmente que Jesús es todo lo que necesitas hasta que Él sea lo único que tienes».

El grado en que permaneces en Jesús se mide por tu capacidad de ser feliz en todas las circunstancias. Si tu alegría varía según tu descendencia, tu trabajo o el estado de tus relaciones, significa que no estás realmente en Él, sino que permaneces en esas cosas. Moras en cualquier cosa que controle tu alegría.

Cuando Dios no responde tus oraciones de la forma en que te gustaría que lo hiciera, necesitas aferrarte al evangelio. Debes afianzar tu alma en la compasión mostrada en la cruz y en el poder demostrado en la resurrección.

Necesitas recordarte a ti mismo diariamente:

ॐ

Al orar, mediré tu compasión por la cruz
y tu poder por la resurrección.

PARTE 3

Hacia la comprensión de una vida centrada en el evangelio

CAPÍTULO 12

¿Por qué hay «mandamientos» en la Escritura?

Al orar día tras día «La oración del evangelio», creo que te sucederá lo mismo que a mí; de tu corazón brotarán frutos espirituales. Tu vida se transformará a medida que constantemente te maravilles de lo que Dios ha hecho por ti en Cristo. Tu pasión por Dios será más fuerte que la atracción del pecado. Comenzarás a reflejar, instintivamente, la misma gracia, el amor y la misericordia que se te muestra en el evangelio.

Eso es en realidad estar «centrado en el evangelio»; no es ir más allá de él, sino seguir profundizando en él. Es darse cuenta de que el evangelio es la respuesta final a cada situación y problema en la vida y ver el mundo entero a través de la lente de la cruz.

A medida que hemos analizado cómo el evangelio nos transforma, hay ciertos puntos que he dejado pendientes hasta ahora. Son preguntas buenas y válidas que probablemente te has hecho al considerar cuán profundamente el evangelio puede cambiarte cuando te centras en él.

La primera pregunta es muy práctica, y surge simplemente de la lectura de la Biblia: Si el evangelio te transforma por dentro, de inmediato, para que desees lo correcto, ¿por qué todavía hay tantos «mandamientos» en el Nuevo Testamento? ¿No implica el concepto de «mandamiento» la necesidad de que se nos diga que debemos hacer algo que de otro modo podríamos no hacer? Si el comportamiento correcto surgiera de forma natural, ¿por qué necesitaríamos que se nos ordene qué hacer?

> Si Dios nos ha transformado realmente con el evangelio, ¿por qué todavía necesitamos que se nos ordene hacer algo?

Es cierto que hay mandamientos prácticamente en todas las páginas del Nuevo Testamento. Van desde instrucciones sobre cómo relacionarte con tu empleador hasta cómo criar a tus hijos y con quién puedes irte a la cama. Pero si el evangelio nos proporciona un corazón que cumple con la ley, ¿por qué Dios todavía nos da estas reglas e instrucciones? ¿Funcionan simplemente como los estabilizadores de una bicicleta infantil para los que se inician en el cristianismo?

Esta pregunta ha surgido varias veces a medida que nuestra iglesia ha redescubierto la idea de permanecer centrados en el evangelio. Una vez, después de una serie de sermones en los que expresé la visión de hacia dónde íbamos como iglesia y qué necesitábamos que cada miembro hiciera para llegar allí, recibí una mordaz carta en la que me decían que durante ese sermón había abandonado el evangelio y caído en una manipulación legalista ¡para obligar a las personas a hacer lo que yo quería que hicieran! Decían que, si simplemente predicara el evangelio, la gente haría de forma natural lo que se suponía que hicieran y yo no tendría que instarlos a hacer nada. Al decirle a la congregación que cada uno tenía la responsabilidad de dar, servir y bendecir a nuestra comunidad, había abandonado el evangelio.

¿Es eso cierto? ¿Quebranta el espíritu de los mandamientos el principio de la transformación centrada en el evangelio?

De ningún modo. He aquí tres razones por las cuales el Nuevo Testamento todavía nos da mandamientos:

1. *Los mandamientos iluminan nuestros corazones oscurecidos.* El apóstol Pablo explica en Romanos 1 que el problema del corazón humano caído es doble. Expresa que nuestros corazones insensatos se han oscurecido, lo que nos hace *ignorantes de mucho de lo que es correcto.* Luego continúa diciendo que nuestros corazones pecaminosos también son malos y a menudo *odian lo correcto, incluso cuando sabemos que lo es.*

La salvación que Dios nos da incluye enseñarnos lo que es correcto (mediante instrucción y mandamientos) y rehacer nuestros corazones para que amemos lo que es correcto (a través del poder del evangelio). Tanto los mandamientos como el evangelio tienen su papel.

Las leyes de Dios son como las vías del ferrocarril, señalan la dirección que debemos tomar. Los trenes necesitan vías para desplazarse. Pero esas vías no hacen nada para impulsar el motor.[47] Del mismo modo, las leyes, en sí mismas, no pueden darnos el poder para cumplirlas. El evangelio es el poder de Dios para la salvación. Jerry Bridges lo resume bien:

El amor de Dios nos proporciona la motivación para la obediencia, mientras que las leyes de Dios brindan la dirección para las manifestaciones bíblicas del amor.[48]

2. *La obediencia a los mandamientos limita el daño que produce nuestro pecado.* Cuando pecamos, herimos a Dios, a los demás y a nosotros mismos. *El pecado* comienza como un deseo perverso, que en sí mismo es lo suficientemente destructivo, pero a medida que actuamos en él, la destrucción se extiende. Debo obedecer los mandamientos incluso cuando no quiero, por la sencilla razón de que no deseo extender el poder destructivo de mi pecado.

El Libro de Santiago compara la destructividad del pecado con el proceso de gestación: «Luego, cuando el deseo [pecaminoso] ha concebido, engendra el pecado; y el pecado, una vez que ha sido consumado, da a luz la muerte» (1:15). Lo primero que suele hacer un médico es tratar de limitar el daño que causa una enfermedad. Obedecemos los mandamientos, aun cuando no deseemos hacerlo, porque no queremos que nuestros deseos pecaminosos traigan la muerte a nuestra vida o a las de los demás.

Por ejemplo, si me siento tentado a cometer adulterio, debo abstenerme de ello, incluso si en un momento determinado realmente lo deseo. ¿Por qué? Porque sé que entregarme a los deseos adúlteros hace que mi blasfemia del nombre de Dios sea mayor, y tiene consecuencias devastadoras para mi familia, mi iglesia, la mujer con la que me acosté y para mí.

No digo simplemente: «Bueno, el adulterio es lo que hay en mi corazón, y no puedo corregirlo a través de reglas religiosas centradas en lo exterior. Así que bien podría actuar según mi corazón y esperar luego que Dios me transforme». Digo un rotundo «no» a la tentación debido a la destrucción que trae consigo.

Sin embargo, no me satisfago simplemente con haber resistido el impulso, sino que lamento el estado de mi corazón que desea la inmoralidad.

El que haya resistido la tentación del adulterio no significa que no tenga nada de qué arrepentirme. Debo confesar la retorcida distorsión de mi corazón y pedirle a Dios que lo haga nuevo. Y debo permanecer en el Dios de la pureza que murió en una cruz por mi impureza, pues eso me impulsará a odiar la inmoralidad como Él lo hace.

3. *Disciplinarnos a nosotros mismos para practicar ciertos comportamientos nos ayuda a comenzar a amarlos.* La obediencia a los mandamientos nos da la oportunidad de comenzar a amar a Aquel cuyo carácter reflejan. Esto puede ser un poco difícil de entender, así que permíteme explicarte.

James K. A. Smith argumenta en *Desiring the Kingdom* [Desear el reino] que aprendemos a amar ciertas cosas al adquirir hábitos y realizar prácticas que nos entrenan para amarlas. Si nuestras rutinas diarias se centran en complacer los deseos de la carne, por ejemplo, nuestro amor por esas cosas crecerá. Sin embargo, si nuestros hábitos nos ponen cara a cara con las bellezas del evangelio, nos llenaremos de amor por ellas.[49]

Los apetitos, como ves, *crecen* a medida que los ejercitas. ¿Alguna vez has ido a comer a tu restaurante favorito y has comido tanto que cuando terminas dices: «¡Puf! ¡No creo que vuelva a comer nunca más!?». Sin embargo, cuatro horas después buscas en la despensa un trozo de pastel. Y la próxima vez que vas a ese restaurante comes aún más. El apetito por la comida crece a medida que lo alimentas.

Esto es cierto para todos nuestros apetitos. Las personas que luchan contra su adicción a la pornografía suelen decir que cuanto más alimentaron su apetito por el sexo ilícito, más fuerte y oscuro se volvió ese apetito. Mientras más perezoso seas, más fuerte se vuelve tu deseo de sentarte en el sofá y no

> Disciplinarnos a nosotros mismos para hacer lo que no siempre queremos hacer nos ayuda a aprender a amar las cosas que debemos amar.

hacer nada. Mientras más nos adentramos en la Palabra de Dios, oramos y practicamos la pureza, más deseamos esas cosas. Por lo tanto, disciplinarnos a nosotros mismos para hacer lo que no siempre queremos hacer nos ayuda a aprender a amar las cosas que debemos amar.

Por supuesto, simplemente practicar esas cosas no basta. Las disciplinas espirituales deben ir acompañadas de una profunda inmersión en el evangelio. El evangelio cambia los deseos y los anhelos del corazón. En realidad, el propósito de las disciplinas es darte la oportunidad de pensar, meditar y conducirte en el evangelio. Las disciplinas espirituales son como cables que nos conectan con el poder del evangelio. No tienen poder en sí mismas, pero nos conectan con el lugar desde donde fluye el poder. Son puertas de entrada al evangelio, pero no el evangelio mismo.

Digamos que no «sientes deseos» de leer la Biblia; en cambio, «sientes deseos» de mirar televisión. ¿Es «obligarse uno mismo» a leer la Biblia sencillamente una actitud legalista? No lo es. Al alimentar tu alma con la Palabra de Dios, estás entrenando tu corazón para amarla. Al leer la Palabra de Dios y encontrar al Dios que está en ella, crecerá tu amor por Él y por Su Palabra. Sin embargo, si eliges mirar televisión, es probable que crezca tu apetito por la pereza y las lujurias de la carne. Por lo tanto, al día siguiente, desearás más televisión y menos de Dios; y si consientes a la carne de nuevo, caerás en una espiral descendente. Al alimentar la carne, tu apetito por las cosas carnales crece. Al alimentar el Espíritu, tu apetito por Él crece. Esta es la idea que Pablo aclara después de una de las más amplias

> Las disciplinas espirituales son como cables que nos conectan con el poder del evangelio.

explicaciones sobre la transformación centrada en el evangelio que hay en la Biblia: «No os dejéis engañar, de Dios nadie se burla; pues todo lo que el hombre siembre, eso también segará. Porque el que siembra para su propia carne, de la carne segará corrupción, pero el que siembra para el Espíritu, del Espíritu segará vida eterna» (Gál. 6:7-8, LBLA).

Cuando mis hijos mienten, no digo simplemente: «Bueno, mentiste porque eso era lo que estaba en tu corazón en ese momento. No voy a obligarte a decir la verdad, porque no quiero crear pequeños fariseos. Solo medita en el evangelio y con suerte dejarás de querer ser deshonesto». En lugar de eso, los «coacciono» para que digan la verdad (los castigo por decir mentiras). Mi esperanza es que al practicar la verdad ellos aprenderán a amarla, porque cuando actuamos según el diseño de Dios experimentamos un grado de satisfacción que proviene de actuar en armonía con la forma en que fuimos creados.

Sin embargo, reconozco que mis órdenes para que digan la verdad solo pueden llevarlos hasta ese punto. Entonces, en vista de que les estoy «haciendo» decir la verdad, también les estoy enseñando sobre la belleza del Dios de la verdad, que cumplió Sus promesas a nosotros incluso cuando le costó la vida. Aprender de Su fidelidad a ellos incluso cuando pronunciaron mentiras, es la única forma en que realmente aprenderán a *amar* la verdad.

O consideremos un ejemplo más: La generosidad. La forma en que aprendes a amar la generosidad es siendo generoso. Muchas veces no he «sentido deseos» de donar dinero. He recibido un pago adicional de 1000 dólares, y aunque conocía de alguna necesidad a la cual debía dedicarlo he «sentido deseos» de comprar un televisor de pantalla plana. Sin embargo, cuando doné el dinero, experimenté la alegría de dar. Ser generoso creó en mí el deseo de ser más generoso.

¿Menoscaba esto la transformación centrada en el evangelio? ¿Estoy «añadiendo algo al evangelio» al decir que te volverás generoso tanto por la fe en Jesús como por la práctica de la generosidad? De ningún modo. Después de todo, Jesús mismo expresó: «... donde esté tu tesoro, allí estará también tu corazón» (Mat. 6:21). ¿Ves qué ocurrió primero en esa secuencia? Pones tu tesoro en algún lugar, y *luego* va tu corazón.

Puedes preguntar: «¿Pero acaso no está la generosidad centrada en el evangelio tan sobrecogida por la espléndida gracia de Cristo que te deleitas en ser generoso?». (Ver 2 Cor. 8:9). Bueno, sí. Pero en realidad, ser generoso te pone en contacto con el corazón de Dios y, a medida que tienes una experiencia con Él, aprenderás a amarlo, a Él y Sus caminos. No trates de estar más centrado en el evangelio que en Jesús. Él entendió cómo funciona el estar centrado en el evangelio.

Obedecer a Dios, cuando no sentimos deseos de hacerlo, puede ser incluso un acto de fe en sí mismo, pues nuestra obediencia es un clamor a Dios por el amor de Cristo para que cambie nuestros corazones y deseemos obedecer. En esto hay ciertamente más fe que en *no* obedecer.

> Obedecer a Dios, cuando no sentimos deseos de hacerlo, puede ser incluso un acto de fe en sí mismo.

En realidad, la Escritura nos dice que debemos buscar activamente la mortificación de nuestra carne (Rom. 6:1-14). *Mortificar* implica actuar en desafío directo a lo que nuestra carne desea. Pero, ¿cómo exactamente «mortificamos las obras de la carne»? La respuesta de Pablo es creer que estamos vivos en Cristo. Cuando nuestra carne desea lo que es contrario a la voluntad de Dios, debemos creer lo que Dios ha declarado sobre nosotros en el evangelio y, al hacerlo, expulsar de nuestros corazones la atracción mortal por el pecado. Aferrarnos al Dios revelado en el evangelio produce un «nuevo afecto» lo suficientemente fuerte como para romper nuestra adicción a los placeres menores. Como expresó John Owen: «Las disciplinas espirituales pueden podar las raíces del pecado, pero solo el evangelio las arranca».

¿Qué es entonces el legalismo?

¿No estás cayendo en el legalismo cada vez que enseñas la transformación mediante la obediencia externa? No exactamente. Legalismo es cuando: a) te sientes más cerca de Dios al hacerlo, o b) pones tanto énfasis en desarrollar el comportamiento externo que descuidas la transformación interna que solo ocurre a través de la fe en el evangelio.

Legalismo, por ejemplo, es pensar que leer la Biblia hace que Dios te ame y te acepte más. No es así. Cristo guardó la ley perfectamente por mí, y leer la Biblia durante cuatro horas todas las mañanas no haría que Dios me viera de manera más favorable.

Legalismo también es pensar que obligarme a leer la Biblia es suficiente, en sí, para generar en mi corazón un amor por Dios y Su Palabra. Leer la Biblia tampoco puede lograr eso; solo el Espíritu de Dios lo hace a través del mensaje del evangelio. Sin embargo, leer la Biblia brinda una *oportunidad* para que el Espíritu me haga ver el mensaje. Como señala Paul Miller: «Leer la Biblia no crea intimidad con Dios, pero sí crea condiciones para ella».[50]

> La lectura de la Biblia con un enfoque centrado en el evangelio quiere decir que te disciplinas para leerla, incluso cuando no tienes ganas.

La lectura de la Biblia con un enfoque centrado en el evangelio quiere decir que te disciplinas para leerla, incluso cuando no tienes ganas, mientras te arrepientes ante Dios por no amarlo más y empapas tu mente con el mensaje de que la aceptación de Dios se te da como un regalo en Cristo.

Estudio de caso: El ayuno

Pondré un último ejemplo para dejar clara esta idea: el ayuno. Ayunar es algo de lo que raramente «siento deseos» de hacer. En realidad, mi cuerpo nunca «desea» estar sin comer. Cuando ayunas, privas a tu cuerpo de un deseo legítimo y te entrenas para que la satisfacción de tu alma en Dios sea más grata que satisfacer tu cuerpo con la comida.

El ayuno, a primera vista, parece bastante legalista. ¿Cómo privar a tu cuerpo de alimentos produce un verdadero fruto espiritual? No lo hace, por sí mismo. Ayunar ciertamente no te hace más agradable a Dios. Pero si lo usas para entrenar tu alma a deleitarse con las glorias del evangelio, el ayuno se convierte en una cañería a través de la cual puede fluir el poder del evangelio. Eso es lo que al parecer hizo Jesús cuando ayunó. Hizo que su cuerpo pasara hambre para poder entender realmente que «No sólo de pan vive ["prosperar, cobrar vida"] el hombre, sino de toda palabra que sale de la boca de Dios» (Mat. 4:4).[51]

> El Nuevo Testamento ciertamente contiene imperativos, pero están envueltos en el discurso indicativo del evangelio.

En otras palabras, el ayuno da la oportunidad de tener una fe más efectiva en el evangelio. El evangelio es el único lugar donde reside el poder de la nueva vida, el poder de desarrollar el amor por Dios y por los demás. El poder del evangelio solo se libera cuando lo creemos. El ayuno simplemente nos brinda una mejor oportunidad para enfocarnos en el evangelio y creerlo.[52]

Entonces, el Nuevo Testamento ciertamente contiene imperativos, pero están envueltos en el discurso indicativo del evangelio. Los autores de los Evangelios nos dicen lo que debemos hacer por Dios, pero solo cuando nos inundan con la verdad sobre lo que Dios ha hecho por nosotros.

Comprende el evangelio; practica las disciplinas

Las disciplinas espirituales solo se convierten en legalismo si realmente no *entiendes* el evangelio. Sin embargo, si estás completamente empapado del evangelio, practicarás las disciplinas espirituales como es debido.

Por desgracia, la mayoría de los cristianos se acercan a las disciplinas espirituales *antes* de comprender el evangelio. El resultado es un ciclo de orgullo y desesperación.

Un amigo pastor, muy sincero, me explicó que les había enseñado a los miembros de su iglesia a conceptualizar su crecimiento cristiano como los rayos de una rueda. Cada uno de los rayos representaba una de las disciplinas espirituales: la oración, la devoción en la lectura de la Biblia y en la iglesia, la generosidad, el testimonio, la comunidad, etc. Luego les orientó: «Autoevalúense con una puntuación del 1 al 10 respecto a lo bien que se están desempeñando en cada área y dibujen la longitud del rayo que le corresponde a ese número». La imagen resultante debería darles una idea de por qué sus vidas estaban tan descompensadas espiritualmente. «Así que —les dijo—, decidan crecer este año en cualquier área donde estén con menor puntaje».

Tal herramienta puede ser útil (¡incluso usamos una versión de ella en nuestra iglesia!), pero solo si está completamente saturada de la teología del evangelio. Si no es así, entonces comenzamos a basar nuestra identidad espiritual en lo bien que nos va espiritualmente en lugar de basarla en lo que Dios ha declarado sobre nosotros en Cristo. Jesús cumplió todas las disciplinas espirituales a la perfección, en lugar nuestro, y Dios nos juzga ahora según Su actuación, no la nuestra. Las disciplinas espirituales, sin una sólida teología del evangelio, *siempre* llevarán al orgullo y a la independencia de Dios.

> Si comprendes el evangelio, puedes practicar las disciplinas espirituales como Dios quiere.

Sin embargo, si comprendes el evangelio, puedes practicar las disciplinas espirituales como Dios quiere: como puertas de entrada al evangelio, no como sustitutos de él. Incluso puedes establecerte metas, por ejemplo, dedicar al menos quince minutos a la Palabra y quince minutos a la oración dos veces al día; ayunar una vez al mes; compartir a Cristo semanalmente, etc. Esto, en lugar de ser fuente de orgullo o desesperación, simplemente te dará una oportunidad frecuente de interactuar con el evangelio. Incluso nuestros fracasos en estas áreas nos recuerdan que Dios basa Su aceptación de nosotros en el cumplimiento de la ley realizado por Cristo, no en el nuestro. Esa comprensión nos impulsará a sentirnos más sobrecogidos ante la gracia de Dios, lo cual producirá aún más frutos espirituales.

Mientras más probamos el evangelio, más lo amamos. Y mientras más aprendamos a amar las cosas de Dios, más tiempo pasaremos haciéndolas, y las haremos más por deseo que por disciplina. Entramos en un ciclo de vida que se reproduce a sí mismo. Sembramos para el Espíritu y del Espíritu cosechamos vida eterna.

«Permaneceremos en Jesús» tal como Él lo ordenó, y daremos mucho fruto, tal como lo prometió.

CAPÍTULO 13

¿Cuál es la forma correcta de trabajar para Dios?

Al comienzo de este libro, dije que había luchado constantemente para descubrir lo que Dios quería de mí a la luz de las necesidades del mundo. La pregunta que me rondaba a cada instante era: ¿Estoy haciendo lo suficiente por Dios?

El evangelio nos enseña que la aprobación que Dios nos da no se basa en hacer «lo suficiente» para Él. Entonces, algunos podrían concluir que no tenemos obligaciones con el mundo. Después de todo, el evangelio no es una cuestión de trabajo; se trata de reposar en la obra de Dios a tu favor.

Sin embargo, está claro que Jesús espera que Sus seguidores trabajen fervientemente en Su reino. Y si amamos a las personas como Él nos amó, no podemos quedarnos de brazos cruzados mientras la gente muere.

¿Pero cuándo es suficiente? ¿Es posible que asumamos demasiadas responsabilidades? ¿Al disfrutar de algún lujo aquí en la tierra dejamos de abrazar realmente el llamado sacrificial de la cruz?

En resumen, mi pregunta es: ¿Cómo se manifiesta una actitud centrada en el evangelio con respecto al mundo quebrantado?

Esta es una pregunta importante, porque si nos equivocamos, o bien desperdiciaremos nuestra vida en actividades sin sentido porque creeremos que no es necesario hacer nada por Dios; o, nos agotaremos al llevar una carga que Jesús nunca tuvo la intención de que lleváramos. Pero si la respondemos correctamente, tendremos la alegría de aprovechar nuestra vida para Jesús como Él aprovechó la Suya para nosotros.

Una casa para Dios, construida por Dios

El rey David comprendió la respuesta a esta pregunta cuando se propuso en su corazón construir un templo para Dios (2 Sam. 7). En este momento de su vida, Dios lo había establecido como el rey de Israel. Le había dado un reino estable y había derrotado a todos sus enemigos. Israel prosperaba y tenía paz.

Cuando comienza 2 Samuel 7, David está sentado después de la cena con Natán, el pastor de la nación, en el porche trasero de la casa. Los ojos de David se posan en el tabernáculo, una tienda destartalada que Dios había ordenado a Su pueblo construir para que en ella morara Su presencia mientras viajaban luego de la salida de Egipto.

En aquel momento, el tabernáculo tenía cientos de años. Probablemente estaba bastante deteriorado. Además, era solo una tienda de campaña, y la casa de David acababa de ser evaluada para aparecer en un *reality show* sobre mansiones de celebridades. Entonces David le dice a Natán: «Sabes, esto no está bien... Vivo en una bonita casa que huele a cedro, y Dios vive en una tienda de campaña».

Natán responde como lo hace cualquier pastor cuando alguien rico le ofrece dinero: «Ve, hermano mío, y haz todo lo que está en tu corazón» (2 Sam. 7:3, paráfrasis del autor). Sin embargo, esa noche Dios se le aparece a Natán:

> «Ve y dile a mi siervo David que así dice el Señor: ¿Serás tú acaso quien me construya una casa para que yo la habite? Desde el día en que saqué a los israelitas de Egipto, y hasta el día de hoy, no he habitado en casa alguna, sino que he andado de acá para allá, en una tienda de campaña a manera de santuario. Todo el tiempo que anduve con los israelitas [...] ¿acaso le reclamé a alguno de ellos el no haberme construido una casa de cedro?» (vv. 5-7).

Creo que hay cierta picardía en la respuesta de Dios. «¡No me digas! ¿Entonces vas a construir una casa para mí, David? ¿De verdad crees que estoy preocupado por mi alojamiento allá abajo? ¿Alguna vez he dicho: "Estoy cansado de esta vieja carpa expuesta a los vientos"? ¿Crees que quiero una casa de cedro? El cedro es para los hámsteres, David. Mis calles están hechas de oro. No tienes idea de cómo es mi verdadera casa aquí arriba. Y si realmente necesitara un lugar agradable para vivir, no te pediría que me dedicaras algo de dinero para construirlo. Después de todo, recuerda eso...».

> «Yo te saqué "del redil para que, en vez de cuidar ovejas, gobernaras a mi pueblo Israel". Yo he estado "contigo por dondequiera que has ido", y por ti he aniquilado a todos tus enemigos. "Y" ahora voy a hacerte tan famoso [...]. "También" voy a designar un lugar para mi pueblo Israel, y allí los plantaré "para que puedan vivir sin sobresaltos". [...] "Y" a ti te daré descanso "de todos tus enemigos". "Pero ahora el Señor te hace saber que" será él quien te construya una casa». (vv. 8-11, énfasis del autor).

¿Quién es el constructor destacado en estos versículos? No es David, es *Dios*.

Dios expresa: «Aquí la cuestión no es que tú me des a mí, David, sino que Yo te doy a ti. No se trata de que me construyas una casa; Yo estoy construyendo una para *ti*. Yo soy el dador; tú eres el que recibes... David, no estoy sentado en el cielo diciendo: "Oh, si David me diera un poco de su dinero extra, podría salir de estas miserables condiciones de vida y construirme un verdadero reino". *Yo* creé todo esto, David, y no *necesito* nada de ti. Soy el Dios que tiene *todo* y no *necesita* nada. Construiré esta casa, y no *necesito* ni una onza de tu ayuda para ello».

Luego, Dios le habla a David sobre el Mesías que iba a enviar. Ese Mesías edificaría Su casa en la tierra y, por supuesto, sería Dios mismo en la carne. Dios edificaría la casa de la salvación en la tierra, y no *necesitaba* a David, en el sentido de que David le diera a Dios algo que Él no tuviera.

Entonces, Dios declara:

«Tu casa y tu reino permanecerán para siempre delante de mí; tu trono será establecido para siempre. [...] Entonces el rey David entró y se sentó delante del SEÑOR y dijo: ¿Quién soy yo, oh Señor DIOS, y qué es mi casa para que me hayas traído hasta aquí? Y aun esto fue insignificante ante tus ojos, oh Señor DIOS [...]. ¿Y qué más podría decirte David? [...]. A causa de tu palabra, conforme a tu propio corazón, tú has hecho toda esta grandeza, para que lo sepa tu siervo» (2 Sam. 7:16,18-21, LBLA).

Ten en cuenta esto: David dio lugar a este debate al querer construir algo para Dios, pero termina sobrecogido al ver lo que Dios estaba haciendo por él.

¿No es este el tema recurrente del evangelio? La salvación no se trata principalmente de que hagamos algo por Dios. La salvación se trata de *saber* lo que Dios ha hecho por nosotros y quedar sobrecogidos por ello. Es fundamental que recordemos esto cuando consideramos la forma correcta de trabajar para Dios.

Sí, en el cristianismo haremos cosas por Dios. Pero lo que hacemos será una respuesta agradecida a lo que Él ha hecho por nosotros, no porque Él *necesite* nuestra ayuda.

Vayamos despacio y leamos la siguiente declaración.

> En el cristianismo haremos cosas por Dios. Pero lo que hacemos será una respuesta agradecida a lo que Él ha hecho por nosotros, no porque Él necesite nuestra ayuda.

«Entonces David afirma: "Oh Señor DIOS, por eso 'tú' eres grande"» (2 Sam. 7:22, LBLA, énfasis del autor).

De nuevo, ¿quién es grande? ¿David, porque construyó para Dios una magnífica casa? No. Dios es grande porque hizo por David lo que él nunca podría haber hecho por sí mismo. Dios edificó para David una casa de la nada.

«Pues no hay nadie como tú, ni hay Dios fuera de ti […]. ¿Y qué otra nación en la tierra es como "tu pueblo Israel", al cual viniste a redimir para ti como pueblo, a fin de darte un nombre, y hacer grandes cosas a su favor y cosas portentosas para tu tierra, ante tu pueblo que rescataste para ti de Egipto, de naciones y de sus dioses? […] Y sea engrandecido tu nombre para siempre» (vv. 22-23,26, LBLA, énfasis del autor).

El nombre de Dios se engrandecerá para siempre por lo que Dios hizo en la tierra. No se supone que el mundo mire a los cristianos y diga en primer lugar: «¡Qué cosas tan grandiosas e impresionantes han hecho ellos por Dios!», sino: «¡Qué grandes cosas ha hecho Dios por ellos!».

> El testimonio cristiano es principalmente un testimonio sobre la obra de Dios a nuestro favor, no sobre nuestro trabajo para Él.

Lo que debe destacarse en nosotros cuando las personas nos miren es la gracia y el poder de *Cristo* que emana de nuestra vida. El testimonio cristiano es principalmente un testimonio sobre la obra de Dios a nuestro favor, no sobre nuestro trabajo para Él.

Como lo reconoce David en su oración, Dios estableció el patrón de cómo iba a realizar Su obra en el primer gran acto de salvación, el éxodo. El éxodo no mostró las grandes e impresionantes cosas que Israel había hecho por Dios. El éxodo hace que te quedes asombrado por las increíbles cosas que Dios hizo por Israel.

Moisés, si lo recuerdas, no tenía las características de un líder. Básicamente era un pastor que hablaba ceceando, a quien se le encomendó encabezar el movimiento político más grande de todos los tiempos. La mayoría de la gente tiene una idea totalmente equivocada de Moisés. Pensamos en un capitán de un equipo de básquet de 6 pies 4 pulgadas (1,93 m) con una profunda voz de barítono que se dirige al faraón y le comunica: «Así dice Dios: "¡Deja ir a mi pueblo!"», y todos se acobardan ante el poder de Moisés como individuo. Una de las pocas cosas personales que *sabemos* de Moisés es que era «tardo en el habla», lo que significa que su oratoria dejaba mucho que desear. Tal vez tenía una voz un poco débil, o tal vez tartamudeaba. Fuera lo que fuera, cuando se presentó en la corte del faraón para exigir la liberación de Israel, nadie lo tomó en serio.

Pero entonces comenzaron las plagas. Una por una, todas las fortalezas de Egipto fueron destruidas, el poderoso Nilo se convirtió en sangre, el sol se oscureció, enjambres de moscas se apoderaron de la tierra. El hijo primogénito de cada hogar desprotegido murió.

Cuando Israel salió de Egipto ese día hacia la libertad, nadie dijo: «¡Ah, Moisés es ciertamente el líder!». Tampoco se maravillaron de lo extraordinario que era aquel grupo de esclavos. Más bien, se sintieron sobrecogidos ante lo que Dios había hecho por ellos.

Así es como deben ser los cristianos en cada generación. La casa de la salvación no la construimos nosotros para Dios; Dios la construyó para nosotros. Dios coloca un letrero en la parte exterior de donde construye Su reino que dice: «"No" se necesita ayuda».

El principio del trabajo

¿Qué nos enseña esto sobre nuestra responsabilidad al trabajar para que Dios complete Su misión en la tierra?

Dios no nos necesita

Dios construye una casa para nosotros; Él no espera que construyamos una para Él. La salvación, de principio a fin, es de Dios, y Él no necesita nada de nosotros para consumarla.

Jesús fue a la cruz *solo*, no fue un esfuerzo de equipo. Todos abandonaron a Jesús en la cruz. Como había hecho David, Jesús fue a ese campo solo, para enfrentar al gigante de nuestros pecados, mientras todos permanecíamos al margen con nuestra infidelidad.

Cuando Jesús resucitó de entre los muertos, fue solo por el poder de Dios, sin la ayuda de ninguno de nosotros. Los discípulos no estaban a Su lado aplicándole la reanimación cardiopulmonar: «Vamos, Jesús... Más boca a boca, Pedro. Juan, dale otra descarga eléctrica». El Padre resucitó a Jesús de entre los muertos *por sí mismo*.

Cuando en el futuro Jesús establezca Su reino eterno en la tierra, la Biblia dice que lo hará por sí mismo. El Libro de Apocalipsis dice que la nueva Jerusalén desciende a la tierra desde el cielo, creada por Dios para nosotros. No la edificamos y la elevamos hacia el cielo desde la tierra para Él.

De la misma manera, solo Dios puede construir Su iglesia en la tierra hoy. Cuando Jesús envió a Sus discípulos a completar la Gran Comisión (Mat. 16:18), les anunció: «"Edificaré" mi iglesia, y las puertas del reino de la muerte no prevalecerán contra ella». No les dijo: «Edificarán mi iglesia, y estaré cerca para ayudarlos cuando necesiten ayuda».

Imagínate cuán abrumador fue cuando Jesús encargó la Gran Comisión a los discípulos. «En esencia, deben llevar el evangelio a todas las personas en todos los países del mundo porque Yo soy la única manera en que pueden ser salvas y ustedes son la única forma en que ellas pueden oír hablar de mí» (Hech. 1:6-8, paráfrasis del autor).

Una gran misión que implica mucho trabajo. Mejor empezar de inmediato. Sin embargo, sorprendentemente, lo primero que Jesús les dijo fue que esperaran. Que no hicieran nada. Es decir, nada excepto esperar la venida del Espíritu Santo. Estoy seguro de que los discípulos que forman parte del grupo A reaccionaron así: «¿"Esperar"? ¡Necesitamos organizarnos! Necesitamos recaudar dinero. Necesitamos capacitar a los predicadores. ¡El tiempo pasa! ¡Las personas están muriendo! ¡Debemos ir "ahora"!». Sin duda, Jesús entendió sus sentimientos, pero aun así les dijo que esperaran. ¿Por qué les dijo eso? *Al menos, Jesús les estaba inculcando que solo Él puede edificar Su iglesia y completar la Gran Comisión.* Ellos no tenían el poder de lograr la salvación del mundo. «Sin mí —les había dicho—, no pueden hacer "nada"».

La idea que de principio a fin se manifiesta en la Biblia es «Dios no te "necesita" para nada». Tú y yo somos totalmente impotentes para lograr la salvación y la sanación. Este mensaje está en el núcleo del evangelio. El evangelio tiene como objetivo quebrar el orgullo y la independencia desde todos los ángulos. Lo primero que hace el evangelio es hacer que nos asombremos ante lo que Dios ha hecho por nosotros.

Pero ahora puedes decir: «Espera un momento. ¿Dios no me "necesita"? Entonces, ¿eso significa que debo gastar alegremente todo mi dinero en mí mismo, y esperar sentado que Dios alimente a los pobres y gane a los perdidos?».

De ninguna manera. Porque aquí está la segunda parte del principio de la entrega:

Como receptores de la gracia, desearemos corresponderle a Dios

Cuando comprendamos cuánto nos ha dado Dios en la gracia, y veamos cuán grandes son las necesidades del mundo, *desearemos* trabajar para Dios.

Dios le dijo a David que tenía la actitud correcta pero el plan equivocado. David vio cuánto había hecho Dios por él, y quería hacer algo para corresponderle. Deseaba que todo Israel supiera que Dios era el héroe de su éxito. El templo que quería construir debía dirigir la atención del pueblo hacia la grandeza de Dios. Dios elogió a David: «Por cuanto tuviste en tu corazón edificar una casa a mi nombre, bien hiciste en desearlo en tu corazón» (2 Crón. 6:8, LBLA).

Así que, después de que le dijeran «no» a la construcción, David se dispuso a reunir todos los materiales y los planos del templo para que Salomón tuviera lo que necesitaba para construirlo (1 Crón. 22:1-6). ¡Después de lo que Dios había hecho por él, David quería hacer *algo*! A pesar de que Dios, estrictamente hablando, no lo necesitaba para ayudar a construir el templo, David quería hacer algo por el Dios que había hecho tanto por él.

> Cuando pensamos en cuántas personas en el mundo mueren en cuerpo y alma sin Dios, queremos que la gracia que se nos ha dado llegue a ellos también.

En respuesta al evangelio, debemos querer corresponderle a Dios. Piénsalo: ¿dónde estarías sin Jesús?

Y cuando pensamos en cuántas personas en el mundo mueren en cuerpo y alma sin Dios, queremos que la gracia que se nos ha dado llegue a ellos también. ¿Qué más *querría* hacer una persona centrada en el evangelio con sus recursos?

Debemos ofrecernos a Dios y hacer lo que Él nos induce a hacer

Cuando unimos los dos primeros principios, llegamos al tercero: las personas centradas en el evangelio se ofrecen con alegría a Dios y hacen lo que Él les indique, pues saben que solo Él les puede dar el poder de hacer un bien real. *Esa* es nuestra responsabilidad; ofrecer *todo* lo que tenemos a Dios y pedirle Su guía. Eso es exactamente lo que hizo David.

En Hechos, tienes una clara imagen de cómo esto se manifiesta. Después de que el Espíritu Santo vino, los discípulos no se sentaron en un sofá y dijeron: «¡Ah! Me alegra que esté aquí,

Espíritu Santo. Háganos saber cuando se alcance la evangelización mundial. Nosotros vamos a pescar». En lugar de eso, exclamaron: «¡Aquí estoy! ¡Envíame!». Oraron para que Dios los empoderara y los enviara. Le pidieron a Dios que los usara. Sabían que, si Él no los enviaba, no podían hacer ningún bien. Sin embargo, en respuesta al evangelio, suplicaron ser enviados. Querían derramarse en los demás como Jesús se había derramado en ellos, pero no por una noción idólatra, glorificadora del ser humano, de que ellos podrían edificar el reino de Dios por sí mismos.

El peso de salvar el mundo no está en nuestros hombros. No podríamos soportarlo si fuera así. Y realmente no podríamos hacer nada al respecto. Solo Dios salva. Dios provee. Sin embargo, en respuesta al evangelio, nos

> Aquellos que ponen todos sus recursos a disposición de Jesús tendrán un poder casi ilimitado a su disposición.

ofrecemos completamente a Dios, y anhelamos la salvación del mundo. Entonces hacemos todo lo que Él nos ordene hacer. Aquellos que ponen *todos* sus recursos a disposición de Jesús en respuesta agradecida a Su gracia y con gran confianza en Su capacidad tendrán un poder casi ilimitado a su disposición. Solo piensa en la historia del niño que tenía cinco panes y dos pescados (Juan 6:1-15) o en la viuda pobre que dio las dos moneditas (Luc. 21:1-4). Dios no necesitaba lo que ellos proporcionaron. En realidad, el niño se fue a casa con más de lo que dio. Pero más de 5000 personas recibieron alimento ese día.

Escuchar a Natán

Puedes decir: «Bueno, eso es genial. Pero nunca he tenido un Natán con un sueño en el que Dios le manifestara lo que yo debía hacer. ¿Cómo podría conocer la forma en que Dios quiere que trabaje para Él?».[53]

Estrictamente hablando, Dios nunca le dijo a David que reuniera las cosas necesarias para la construcción del templo. Él simplemente comenzó a hacerlo, y Dios no lo detuvo.

Entonces aquí te doy algunas ideas para ayudarte a comenzar lo que deberías estar haciendo por Dios:

1. *Comienza con las necesidades que encuentres justo frente a ti.* El Libro de Santiago dice que, si alguien llega a tu puerta con una necesidad, entonces es la intención de Dios que la satisfagas. La idea de que «Dios no nos necesita» nunca debería usarse como una excusa para no satisfacer las necesidades que encontramos frente a nosotros. Jesús elogió al buen samaritano en la parábola porque satisfizo la necesidad cuando la vio, y criticó al sacerdote y al levita que siguieron de largo y no ayudaron al hombre, pues se sentían «llamados» a cosas más elevadas. Por lo tanto, comienza por ayudar a los necesitados que están «justo ante tu puerta». Si hay una necesidad que puedas satisfacer, satisfácela.[54]

2. *Evalúa cuidadosamente cómo se pueden aprovechar tus talentos vocacionales para el reino de Dios.* ¿Cómo se puede aprovechar tu trabajo para bendecir a los demás?[55] Una de las herramientas más subutilizadas para discernir lo que Dios quiere que hagas es la iglesia local. Así como Dios usó a Natán, que era parte de la comunidad espiritual de David, para guiar a David, Dios usará tu iglesia local para ayudarte a encontrar la dirección correcta.

3. *Pregunta en cuál de las cosas que está haciendo tu iglesia local puedes participar.* Dios nos ha dado nuestras iglesias locales para que nos guíen y nos ayuden a satisfacer de manera efectiva las necesidades espirituales

y físicas de nuestra ciudad. Si tu iglesia no tiene un ministerio en la ciudad, ve a una nueva.

4. **Considera si hay algún área que suscite una pasión o un interés creciente en ti.** ¿Qué mueve tu corazón? ¿Hay algún grupo étnico o un país en el que piensas todo el tiempo? ¿Sueñas con hacer algo particularmente bueno para Dios? Encomiéndalo a Dios y pídele que te envíe. Espera que Él te abra la puerta (Sal. 37:4-5). No temas (en palabras de William Carey): «Espera grandes cosas de Dios y luego intenta grandes cosas para Dios». Dios puede decirte «no» si lo considera necesario, pero a menudo el sueño proviene de Él. Muchas veces, la manera en que descubrimos nuestros dones espirituales es al sentir en nuestros corazones un profundo deseo de hacer algo por los demás en nombre de Cristo.

5. **Escucha lo que otros creyentes dicen sobre tus dones.** A menudo, Dios revela áreas de dones espirituales en nosotros al hacer que alguien de la iglesia nos lo señale. Otras personas pueden ver un área donde somos particularmente fuertes, o donde Dios nos ha usado en sus vidas. Así es como descubrí que tenía el don de predicación. Otras personas me dijeron lo mucho que Dios me usaba en sus vidas cuando yo enseñaba la Palabra de Dios.

6. **Mantente abierto a la guía del Espíritu Santo.** Así como Dios le envió un mensaje a Natán, Él puede enviarte uno. Puede llegarte como una palabra profética que alguien te comunica, el consejo de un amigo sabio, una puerta cerrada o cualquier otra cosa que Dios elija usar. Dios no es nuevo en este tipo de comunicación. Puede hacerte llegar Su mensaje y puedes confiar en Él.

Dios es el maestro constructor de Su casa, y tú y yo solo somos humildes subordinados. Simplemente cumplimos órdenes; Él provee los recursos. Él nos dirá lo que quiere que hagamos. Entonces lo hacemos con lo que Él ha proporcionado.

El hijo de David, Salomón, a quien Dios utilizó para construir la versión terrenal del templo que David mismo había querido construir, probablemente lo expresó mejor: «Si el Señor no edifica la casa, en vano se esfuerzan los albañiles» (Sal. 127:1).

Debemos anhelar con ilusión que Dios construya Su casa a través de nosotros y esperar ansiosamente a que Él nos use en el proceso. Pero ofrecernos con entusiasmo a Dios no es lo mismo que precipitarnos para servirle. Contrariamente a la opinión popular, la Gran Comisión no comienza con «Id por todo el mundo y predicad el evangelio» (Marcos 16:15, RVR1960). La Gran Comisión comienza con «Toda potestad me es dada en el cielo y en la tierra» (Mat. 28:18, RVR1960). Antes de que Jesús asignara la Gran Comisión, les recordó a los apóstoles que, en última instancia, la Gran Comisión era suya. Él es el que tiene la capacidad de edificar la iglesia, y Él es quien debe hacerlo a través de nosotros. Como lo expresa Michael Horton: «La Gran Comisión comienza con el "gran anuncio"».[56]

Solo al creer en la suficiencia del Dios del «gran anuncio» tendremos la confianza necesaria para intentar cosas audaces para la Gran Comisión.

Por lo tanto, pídele a Dios fervientemente que te use, y luego realiza la tarea que Él ponga ante ti con la confianza de que Él la está haciendo a través de ti. Esa es la única manera correcta de trabajar para Dios.

CAPÍTULO 14

¿Cómo es una iglesia centrada en el evangelio?

Aquí es donde este tema se vuelve realmente emocionante. Una cosa es que un individuo tenga un despertar a la grandeza del evangelio. Pero que una iglesia entera experimente algo así es un fenómeno mucho mayor. ¿Te imaginas el tipo de testimonio que pueden dar a una comunidad cientos de personas cuyas vidas se centran en el evangelio y se congregan en una iglesia local? ¿Puedes comprender el tipo de misericordia y gracia que emanarían de su confraternidad, y el tipo de impacto que tendrían cuando comenzaran a ser para su comunidad como lo fue Jesús con ellos? ¿Y qué pasaría cuando toda una iglesia comience a sentir la voluntad y la capacidad de Dios para salvar a su comunidad, y pidan en consecuencia? Me emociono con tan solo escribirlo.

Así que vayamos directo a la esencia del asunto: ¿Cómo es una iglesia centrada en el evangelio?

Voy a mencionar tres cualidades que debe tener una iglesia «centrada en el evangelio». Desafortunadamente, creo que son muy pocas las iglesias que muestran las tres.

1. *En una iglesia centrada en el evangelio, predicar el mensaje del evangelio es la prioridad.* El evangelio es un anuncio, no de lo que debemos hacer por Dios, sino de lo que Él ha hecho por nosotros.

Evangelio, en griego, no era una palabra exclusivamente religiosa. Simplemente significaba «buena noticia». Cuando un rey griego ganaba una batalla, enviaba a un «portavoz del evangelio» para que recorriera Grecia y anunciara que había ganado la batalla, que tenía el control nuevamente y que el pueblo era libre. Cuando se hacía este tipo de anuncio, se esperaba que la gente lo creyera y viviera en conformidad.

El evangelio es el anuncio de que Jesús es el Señor y de que ha ganado la batalla por tu salvación. Debemos responder con arrepentimiento y fe (Mar. 1:15). El evangelio no es un *buen consejo* sobre cómo vivir; es una *buena noticia* sobre lo que Dios ha hecho.

> El evangelio no es un buen consejo sobre cómo vivir; es una buena noticia sobre lo que Dios ha hecho.

Jesús les dijo a Sus discípulos que «fueran Sus testigos», lo que significa que debían contarles a todos, fielmente, la historia de lo que *Él había hecho* por el mundo. Sus vidas ciertamente mostrarían los cambios que Su poder había traído a ellas; pero ellos debían señalar constantemente lo que había posibilitado esos cambios, es decir, lo que Él había hecho.

Donde no hay una proclamación de la historia de Jesucristo, no hay un ministerio del evangelio.

¿Alguna vez has escuchado esta afirmación (atribuida a Francisco de Asís)?: «Predica el evangelio. Si es necesario, usa palabras». ¿Cómo explicas el evangelio sin usar *palabras*? Es como decir: «Dime tu número de teléfono. Si es necesario, usa dígitos». Tu número telefónico *son* dígitos. El evangelio *son* las palabras que anuncian lo que Cristo ha hecho. La gente no puede ver nuestra vida y conocer la historia de Cristo. Pueden ver atisbos de la bondad de Cristo, pero esperar que entiendan el evangelio con solo mirarnos sería como tratar de obtener información de un noticiario con el audio apagado.

Debemos predicar constantemente la palabra, en todas partes. Así lo hizo la iglesia primitiva. En todas partes, de casa en casa, siempre contaban la historia de Jesús.

2. *En una iglesia centrada en el evangelio, el énfasis del mensaje está más en lo que Cristo ha hecho que en lo que debemos hacer.* Estoy seguro de que ya has notado que lo único que produce un verdadero crecimiento espiritual es permanecer (morar, pensar, sobrecogernos) en lo que Cristo ha hecho por nosotros.

Cuando nuestro mensaje y nuestro ministerio resaltan algo que no es eso, estamos cortando el cordel de salvamento entre las personas y el poder de Dios, no importa cuán «bueno» y útil sea aquello sobre lo que estamos predicando. *Nada* de lo que hagamos por Dios es tan importante como lo que Él ha hecho por nosotros.

Al observar el entorno cristiano, veo que las iglesias enfatizan todo tipo de cosas *buenas* que desafortunadamente impiden que las personas se centren en lo *esencial*, la gloria y la gracia gratuita de Dios revelada en el evangelio.

Pocas de las cosas que enfatizan son malas en sí mismas, simplemente se vuelven malas porque tienden a eclipsar la única cosa que *es en sí misma* el poder de Dios para nosotros: el evangelio.

La siguiente descripción no pretende caricaturizar diversas tradiciones, pero sí podría ayudarte a ver dónde algunas tradiciones tienden a sustituir al evangelio por otra cosa como el principal medio para el crecimiento espiritual.

En muchas iglesias **«carismáticas»**, el énfasis se pone en tener una experiencia con el Espíritu. Ciertamente necesitamos estar íntimamente familiarizados con el Espíritu. Pero una experiencia con el Espíritu no puede reemplazar la centralidad del mensaje del evangelio. En realidad, lo que el Espíritu más desea es que el evangelio sea real para nuestros corazones (2 Cor. 3:18–4:4), y la forma en que somos llenos por el Espíritu es aferrándonos y creyendo más en el evangelio. En otras palabras, *ser llenos por el Espíritu sucede cuando renovamos nuestra mente en el conocimiento del evangelio, no a través de una ceremonia especial.* ¿Quieres ser lleno del Espíritu? Cree en el evangelio otra vez (Gál. 3:1-3, Hech. 10:43-45). Cuando enseñamos a las personas a buscar la cercanía a Dios a través de una experiencia exultante en lugar de guiarlos hacia una fe renovada en el evangelio, estamos eclipsando el evangelio con una experiencia secundaria. El Espíritu mismo *nunca* haría eso. Su papel es señalarnos las glorias del evangelio (Juan 15:26).

En muchas iglesias **«tolerantes con los que buscan a Dios»**, se hace hincapié en los pasos claros y prácticos que hay que seguir para la vida cristiana. Señalan: «Muéstrales cómo vivir. Muéstrales cómo Dios puede arreglar su matrimonio. Muéstrales cuánto mejor sería la vida si vivieran a la manera de Dios». Entonces, al ser una persona del grupo A, orientada hacia las tareas, *me encantan los pasos a seguir.* Sin embargo, los pasos a seguir claros no pueden transformar el corazón. Que me digan qué hacer no puede cambiarme; esto solo puede lograrse al sobrecogernos por lo que Dios ha hecho. Aprender los «5 pasos para una buena comunicación» no será tan importante para mi matrimonio como abrazar los 1000 millones de pasos que Dios ha dado hacia mí en Jesucristo.

Tim Keller expresó: «La religión te dice que vayas y cambies; el evangelio te cambia en el acto». Los pasos a seguir que no surjan de la adoración de Jesús y el agradecimiento por lo que Él ha hecho solo producirán al final fariseos frustrados y orgullosos, sin importar cuán atractivamente se presenten esos pasos.

En muchas iglesias **«fundamentalistas»**, el énfasis está en el comportamiento apropiado. Siempre sales sabiendo cómo deben comportarse, hablar o vestirse los cristianos. Para ser sincero, realmente no tengo problemas con las «directrices» porque, en realidad, todos esperamos que los demás cumplan con una cierta cantidad de directrices. Incluso en las iglesias más relajadas generalmente se entiende que las señoritas no deben andar con los senos desnudos, los hombres no deben usar tangas y los diáconos no deben decir malas palabras. El problema no es con las directrices, *per se*; el problema es cuando el énfasis en esas directrices eclipsa el evangelio mismo. Depurar mi modo de hablar no puede cambiarme. *Actuar* como un cristiano no puede cambiarme. Solo quedar asombrado ante el Dios del evangelio puede cambiarme. El principal problema no son las directrices en sí (aunque algunas de ellas pueden ser, a veces, ridículas); el problema está en el *énfasis* que se les da.

En muchas iglesias **«más jóvenes»**, el énfasis está en relajar las normas del fundamentalismo. En las iglesias de nuestros abuelos nuestra espiritualidad se medía por la asistencia a la iglesia, a la escuela dominical, al culto del domingo y el miércoles por la noche; por estar en el avivamiento, ir a las visitas semanales y conocer los 47 versos del himno *Just As I Am* [Tal como soy]. Las iglesias contemporáneas a menudo cambian simplemente la lista y se quitan la corbata. La nueva lista incluye ser voluntario en uno de los servicios del fin de semana, ir a un grupo pequeño o célula y, sobre todo, diezmar. Los elementos en la lista pueden haber cambiado, pero sigue siendo una lista de cosas por hacer, y la expectativa es que las modificaciones del comportamiento externo son la forma principal que tiene Dios para cambiar nuestro corazón. Gran parte del cristianismo nuevo, atractivo y emergente ha resultado ser simplemente un «viejo legalismo» vestido con el estilo grunge. Michael Horton, afirma: «A pesar de todas las críticas incisivas del movimiento (más joven) hacia el modelo de las mega iglesias, el énfasis recae aún en medir el nivel de nuestro celo y actividad en lugar de sumergir a las personas en la historia más grandiosa jamás contada».[57]

En muchas iglesias «reformadas», los detalles de la teología reformada eclipsan la cruz. La suposición parece ser que, si puedes dominar los detalles de los cinco puntos del calvinismo,[58] y estás dedicado a 1, 2 y 3 Juan (refiriéndose a Juan Calvino, John [Juan] Piper y John [Juan] MacArthur), entonces eres espiritualmente aceptable y todo estará bien en tu vida. La doctrina correcta es, por supuesto, esencial, pero ni el TULIP[b] ni ninguna «flor doctrinal» puede transformar tu corazón. Solo la belleza de Jesús transforma el corazón. Sé que algunos dirán: «¡Pero los cinco puntos del calvinismo *son* la esencia del evangelio!». Quizás. Pero si enfatizas la avenencia con tu versión de los cinco puntos más que la simple adoración al Cristo de la cruz, has sustituido la adoración por la información. La información correcta es esencial, pero he visto demasiadas personas que se muestran más entusiasmadas con los cinco puntos del calvinismo que impresionadas por la cruz. En contraste, también he visto a muchas personas que no comparten exactamente mi posición sobre los cinco puntos y que están apasionadamente enamoradas de Jesús y positivamente sorprendidos por Su gracia.

En muchas iglesias del «**evangelio de la prosperidad**», se hace hincapié en la vida victoriosa y bendita que Dios quiere

---

b. [N. del E.: TULIP es el acrónimo y la palabra para tulipán en inglés de los cinco puntos del calvinismo].

que tengas. No estoy en contra de enseñar que Dios ama bendecir a Sus hijos. Lo hace. Pero lo que realmente te cambia no es la esperanza de que Él pueda darte más cosas materiales en el futuro; lo que te cambia es comprender que Dios mismo es mejor que cualquier bendición que Él pueda darte, y que incluso si lo pierdes todo, pero lo tienes a Él, es suficiente. Y a veces Dios te enseña eso mediante el dolor y la privación. El daño *real* que causa el evangelio de la prosperidad es que aparta nuestros ojos de Dios y los centra en Sus dones. Cuando «la manera en que Dios nos bendecirá si obedecemos» eclipsa «el valor del Dios que se nos ha dado en la cruz», alentamos la idolatría y retardamos el verdadero crecimiento espiritual.

En muchas iglesias «**centradas en el discipulado**», el énfasis está en un compromiso radical y sacrificado con el discipulado y la generosidad. De nuevo, amén. Es cierto que seguir a Jesús significa renunciar a todo lo que tenemos, tomar nuestra cruz para seguirlo y derramar nuestros recursos para Su reino. *Sin embargo, ¿cómo podemos moldear un corazón de generosidad en las personas, un corazón que se derrama por el mundo porque lo ama como lo hace Dios?* El apóstol Juan dice que nuestra entrega total debería demostrar la presencia de nuestro amor.[59] Afirma que el amor sin la entrega total no tiene valor (1 Jn. 3:16-18), pero tampoco lo tiene la entrega radical sin amor (1 Cor. 13:1-3). De modo que nuestras órdenes para llevar una vida radical deben estar envueltas en el anuncio del amor de Dios que se nos ha dado en Cristo, porque solo en ese mensaje aprenderemos a amar a Dios (1 Jn. 4:19).

Si nos limitamos a ordenar a las personas que sean generosas, daremos lugar a individuos que caen en la desesperación y corren a hacer algo extravagantemente generoso para demostrar que son salvos. Ese es un tipo de justificación por las obras, en la que tratamos de agregar una obra a nuestra vida para demostrar que somos hijos de Dios.

Un corazón de generosidad solo aparecerá en nosotros cuando abracemos y creamos el evangelio. Aquellas personas que han probado el evangelio responderán con una generosidad fuera de lo común. No confundas el diagnóstico con el tratamiento. El diagnóstico es lo que está mal; el tratamiento es cómo solucionarlo. Si nuestro corazón está endurecido y es egoísta, no podemos arreglar eso simplemente al regalar dinero. Debemos ser más conscientes de la excepcional bondad de Dios hacia nosotros en Cristo. El egoísmo es el diagnóstico; el evangelio es el tratamiento principal.

> Pero no puedes confundir los efectos del evangelio con el evangelio mismo.

En muchas iglesias «emergentes», el énfasis se pone en la naturaleza integral de la salvación, en particular en cuestiones de justicia social y reconciliación racial. Amén. Necesitamos prestar atención a esos asuntos, y los cristianos centrados en el evangelio se preocuparán por ellos. Pero no puedes confundir los *efectos del* evangelio con el evangelio mismo. En Gálatas 3, Pablo expresó que los judíos y los gentiles se unirían al entender lo que Dios tuvo que hacer para salvarnos a todos. Cuando el evangelio nos ha transformado, nos preocupamos por las víctimas de la injusticia y participamos activamente en estos temas. Esos son los efectos del evangelio; no son el evangelio mismo. Imitar a los cristianos revolucionarios del siglo I no cambiará nuestro corazón; abrazar lo que Jesús hizo por nosotros en el siglo I sí lo hará.

En casi todos los casos anteriores, el problema no es lo que se enseña, sino el *énfasis* dado a lo que se enseña. Se ha dicho que el error a menudo es simplemente una «verdad desproporcionada».[60] En otras palabras, la «herejía» no es solo la enseñanza errónea; también es poner un énfasis indebido en ciertos aspectos de la buena enseñanza. Me encanta la forma en que lo expresa Michael Horton: «Podemos perder a Cristo por la "distracción" tan fácilmente como por la negación, [...] el "cristianismo sin Cristo" puede aparecer cuando le añadimos y también cuando le restamos».[61]

Entonces, las iglesias centradas en el evangelio enfatizan sobre todo la noticia de lo que Cristo ha hecho por nosotros. Los asuntos secundarios *se derivan de* ello; no eclipsan esa esencia.

3. En una iglesia centrada en el evangelio, los miembros demuestran la belleza del evangelio en la comunidad. Si bien el evangelio es, antes que nada, un mensaje, siempre va acompañado de las demostraciones de ese mensaje. Cada vez que el evangelio fue predicado por Jesús y los primeros apóstoles, fue seguido por «señales». Estas señales no eran trucos de magia para impresionar, eran milagros con un mensaje. Expresaban el mensaje del reino de Dios de una forma tangible.

Una señal no siempre tiene que ser milagrosa, simplemente demuestra el amor y la belleza del reino de Dios. La iglesia, expresó Pablo, debía ser la comunidad demostrativa de Dios, donde Él da a conocer al mundo Su «infinita sabiduría» y Su increíble poder (Ef. 3:10-11,21, LBLA).

En Hechos, cuando la iglesia primitiva era simplemente «la iglesia», Lucas nos dice que «sobrevino» una gran

> La presencia de una iglesia local saludable en una comunidad es el mayor catalizador para la evangelización de esa comunidad.

sensación de asombro y «temor a toda persona», hallaban «favor con todo el pueblo» y «el Señor añadía cada día al número de ellos los que iban siendo salvos» (Hech. 2:42-47, LBLA). En otras palabras, simplemente al hacer lo que hacen las iglesias locales saludables (orar, compartir, predicar constantemente la palabra, etc.), estaban evangelizando la comunidad. La presencia de una iglesia local saludable en una comunidad es el mayor catalizador para la evangelización de esa comunidad. En una iglesia saludable, la comunidad local debe ver la gloria del evangelio puesta de manifiesto. A medida que lo hagan, muchos en la comunidad se sentirán sobrecogidos por una sensación de temor y asombro y muchos creerán, tal como lo hicieron en Hechos 2:42-47.

En el Libro de Hechos, hay al menos cuatro aspectos relacionados con la iglesia que «asombraron» a la comunidad. Cada uno de ellos pone de manifiesto el evangelio y cada uno de ellos estará presente en una congregación centrada en el evangelio.

La iglesia y el Libro de Hechos

El amor y la unidad en la iglesia

El amor y la unidad en la iglesia local asombraron a la comunidad. Era más que una fraternidad de amigos; era una familia ecléctica que mostraba una unidad inesperada. En una época de grandes diferencias sociales, de clase y raciales, la iglesia local fue la única institución en el mundo romano que trajo la unidad entre las clases y las razas. Las iglesias que Pablo fundó eran comunidades diversas de judíos y gentiles, jóvenes y viejos, pobres y ricos. Rodney Stark afirma que este fue uno de los factores más importantes que contribuyeron al acelerado crecimiento de la iglesia primitiva en los primeros 400 años después de Cristo.[62]

> La iglesia: la «última apologética» de Dios para un mundo escéptico.

Francis Schaeffer llamó brillantemente a la iglesia: la «última apologética» de Dios para un mundo escéptico. Es así porque en la iglesia el mundo ve una unidad que deja estupefacta la mente; que demuestra que todas las personas tienen un ancestro común (Dios); un problema común (el pecado); y un Salvador común (Jesús).

La generosidad

La generosidad radical de la iglesia asombró a la comunidad y llamó la atención sobre la generosidad radical de Cristo. El emperador Juliano el Apóstata, uno de los perseguidores más feroces de la cristiandad, se quejó en una carta a un amigo de que, hiciera lo que hiciera, no podía evitar que la iglesia se expandiera. Con disgusto, expresó: «¡Los impíos galileos! No solo cuidan de sus propios pobres, sino también de los nuestros». Los cristianos se entregaron a quienes no podían darle nada a cambio y esto convenció al escéptico mundo romano de la verdad de las afirmaciones sobre Jesús. También he visto eso en mi propia comunidad. Vivo en lo que la revista *Forbes* llama «el núcleo educacional de Estados Unidos». El escepticismo a menudo acompaña a la educación. En nuestra comunidad, la generosidad fuera de lo común a menudo ha sido más convincente que nuestro razonamiento filosófico (¡lo que no quiere decir que a menudo no demos respuestas expeditas y razonables sobre la fe cristiana!). En una era postcristiana llena de escepticismo, el amor a la vista de todos es la apologética más convincente.

> En una era postcristiana llena de escepticismo, el amor a la vista de todos es la apologética más convincente.

En la iglesia primitiva, nadie pasaba hambre. Nadie carecía de refugio. Todos recibían atención. Las personas vendían sus campos, proporcionaban comida y se quedaban en la bancarrota por el bien de los demás. La comunidad circundante observaba con asombro; y creía.

El gozo en medio de la persecución

El gozo con el que la iglesia primitiva enfrentaba el sufrimiento también sorprendía a la gente. Su disposición a hablar de Jesús, aun cuando lo perdieran todo por ello, le resultaba desconcertante al observador casual (Hech. 4:13). La capacidad de encontrar alegría en medio del dolor extremo hacía que las personas notaran el gran valor que le daban a Dios. Cualquier persona puede ser feliz cuando las cosas van bien. Sin embargo, cuando Pablo fue encarcelado injustamente en una prisión filipense, comenzó a alabar a Dios con la espalda todavía sangrante por la golpiza recibida en lugar de maldecirlo o jurar venganza, y eso dejó impresionado al escéptico carcelero de Filipo (Hech. 16:25-31).

Una mañana, mientras veía la televisión con mi hijo de cinco años, apareció un predicador con una sonrisa del tamaño de Texas y les explicó a los televidentes que, si le sembraban una «semilla» de 1500 dólares, con toda seguridad Dios multiplicaría Sus bendiciones para ellos. Instó a los televidentes que tenían deudas de tarjetas de crédito a utilizar los últimos fondos disponibles en ellas para hacerle una donación. «Dios podría recompensarte con un BMW —dijo—, y tus vecinos se sorprenderán de la sonrisa en tu rostro al entrar y salir de tu garaje con tu auto nuevo, y podrás contarles la gran noticia sobre lo que Jesús ha hecho por ti».

¿De verdad? ¿Tus vecinos se *sorprenderán* de la sonrisa en tu cara cuando conduzcas tu nuevo BMW? Imagino que cualquiera sonreiría en esa circunstancia. Lo que sorprendería a tus amigos sería que tu cuerpo estuviera agobiado por el cáncer y las inversiones en tu plan de jubilación se hubieran derrumbado y todavía puedas decir: «Tengo una esperanza y un gozo en Dios que ninguna de estas cosas puede quitarme». Cuando nuestras circunstancias son las peores, la luz de nuestra esperanza en Dios es más brillante.

La respuesta milagrosa a la oración

Por último, pero no menos importante, las respuestas milagrosas que Dios dio a las oraciones de la iglesia primitiva asombraron a la comunidad. Las respuestas milagrosas a la oración no solo ocurrieron en los tiempos apostólicos. No las descartes como una reliquia del pasado. Dios manifestó repetidamente en toda la Biblia que lo que distinguía a Su pueblo era la forma en que Él contestaba sus oraciones (Deut. 4:7). Tal vez la única razón por la que no vemos a Dios actuar entre nosotros como lo vieron ellos sea que no le pedimos como ellos lo hicieron.[63]

En el Libro de Hechos, 39 de 40 milagros ocurren *fuera* de la iglesia, en la comunidad. A menudo le digo a nuestra iglesia que eso significa que, yo como pastor, tengo acceso a solo 1 / 40 del poder de Dios, ¡pues paso la mayor parte de mi tiempo en la iglesia! La mayoría de ese poder aguarda por ellos en la comunidad. El poder de Dios está listo para manifestarse allí. Él quiere demostrar en nuestra ciudad que está dispuesto y es capaz de salvar.

Cuando viví entre musulmanes en el sudeste de Asia, hubo momentos en los que simplemente no sabía qué hacer o decir para lograr que conocieran a Jesús. Entonces me ofrecí a orar por las personas enfermas. Puse mis manos sobre docenas de personas y oré por ellas en el nombre de Jesús. Algunas mejoraron. Nunca olvidaré el día en que un grupo de niños de doce años tocó a mi puerta y uno de ellos me pidió que orara por su madre. Escuché a otro en el grupo que decía: «¿Por qué le pides que venga? Él no es musulmán». El niño le respondió: «Sí, pero este es un hombre a quien Dios escucha».

Dios a menudo confirma Su mensaje en una comunidad a través de respuestas milagrosas a las oraciones de la iglesia en esa comunidad.

Las señales enfatizan el mensaje, no lo reemplazan

El amor y la unidad, la generosidad, el gozo en medio de la persecución y la respuesta milagrosa a la oración son asombrosos. Pero debemos recordar de nuevo: estas obras asombrosas enfatizan, pero nunca pueden reemplazar, la explicación verbal del evangelio. Nuestra generosidad, gozo, amor y poder milagroso solo ponen en evidencia el glorioso evangelio que proclamamos con nuestras palabras. No pueden reemplazar la predicación. Las señales solo son buenas si está claro lo que significan.

> Cada vez que alguna buena obra, por muy loable que fuera, interfería con la predicación del mensaje, Jesús y los apóstoles la abandonaban de inmediato.

Cada vez que alguna buena obra, por muy loable que fuera, interfería con la predicación del mensaje, Jesús y los apóstoles la abandonaban de inmediato. Esto era así porque las señales debían apuntar al mensaje. Si distraían la atención del mensaje, ya no cumplían su propósito.

Por ejemplo, después de que Jesús alimentó milagrosamente a los 5000 con los 5 panes y los 2 pescados, la gente se obsesionó con la capacidad de Jesús para terminar de inmediato con el hambre en el mundo. Querían nombrarlo rey allí mismo. ¿Cuál fue la respuesta de Jesús? ¿Comenzar una cruzada mundial para «acabar con el hambre»? No, se negó a repetir el milagro y predicó a la gente sobre la necesidad de que lo vieran como el Pan de Vida (Juan 6:26-27).

Una vez, un hombre le pidió a Jesús que lo ayudara a resolver una disputa con su otro hermano sobre una propiedad. El hombre tenía una queja legítima. Como sabemos, Dios se preocupa por la justicia (Isa. 58; Amós 4:6-8). Sin embargo, en esa situación, Jesús se negó a intervenir y expresó que esto no era realmente «asunto suyo». En cambio, predicó un sermón a ambos sobre el pecado de la codicia. El «asunto» de Jesús, ante todo, era que los corazones comprendieran la necesidad que tenían del evangelio (Luc. 12:13-14).

En Hechos 6, a los apóstoles se les presentó una necesidad social legítima en su comunidad: las viudas necesitaban que alguien las ayudara a llevar comida a sus mesas. Los apóstoles respondieron que otros tendrían que atender esa necesidad porque no podían distraerse de la predicación, su tarea más importante (Hech. 6:1-5).

David Martyn Lloyd-Jones expresó lo siguiente en cuanto a ese pasaje:

> *No escuchabas a las personas en aquel entonces decir: "¿De qué sirve predicar si hay gente entre nosotros que pasa hambre y sufre? El tiempo de la predicación ha finalizado y ha comenzado el momento de la acción". Sin embargo, los apóstoles, bajo la influencia del Espíritu Santo, vieron la peligrosa tentación que había ante ellos y expresaron: "Nada puede eclipsar la importancia de predicar la Palabra. Le pediremos a Dios que nos ayude a encontrar otros que puedan satisfacer esas necesidades. No podemos, de ninguna manera, dejar de predicar".* [64]

> Nada, sin importar cuán bueno o urgente sea, puede evitar que persigamos nuestro objetivo principal: predicar el evangelio.

Nada, sin importar cuán bueno o urgente sea, puede evitar que persigamos nuestro objetivo principal: *predicar el evangelio*. Pero a medida que lo predicamos, nuestra vida debe poner de manifiesto la práctica del amor, la paz y el gozo del evangelio. Nuestra comunidad debe percibir en nosotros el amor de Cristo de una manera que los deje asombrados y deseosos de más.

¿Logras eso en tu vida? ¿Cuándo fue la última vez que alguien se sorprendió por tu generosidad? ¿Cuándo fue la última vez que te preguntaron de dónde provenía el gozo que muestras en medio del sufrimiento?

¿Está tu iglesia logrando eso en tu comunidad?

Cómo una iglesia de clase media ha aprendido a dar a conocer el evangelio

En el 2004, Dios convenció a nuestra iglesia de que no estábamos mostrando la generosidad del evangelio en nuestra comunidad. Yo enseñaba la primera mitad del Libro de Hechos, y llegamos a Hechos 8:6-8 donde leemos: «Al oír a Felipe y ver las señales milagrosas que realizaba, mucha gente se reunía y todos prestaban atención a su mensaje. [...] Y aquella ciudad se llenó de alegría».

Le pregunté a nuestra iglesia si pensaban que la ciudad se había «llenado de alegría» como resultado de nuestra presencia allí. Luego leí la historia en Hechos 9 sobre Tabita (traducido como «Dorcas» al griego), que había hecho tantas buenas obras y actos de caridad que cuando murió la comunidad se reunió junto a su cama y lloró. Le pregunté a nuestra iglesia:

«¿Creen que, si la Iglesia Summit "muriera", nuestra comunidad lloraría porque ya no estemos?».

Respondimos negativamente a ambas preguntas. En todo caso, es probable que la comunidad se alegrara de que nos hubiéramos ido, pues recuperarían el acceso a nuestra propiedad exenta de impuestos y tendrían menos correo «basura» en su buzón (aunque ciertamente no quiero subestimar la importancia de las personas que confiaron en Cristo en nuestra iglesia ni la alegría presente en sus vidas durante ese tiempo).

Para abreviar, decidimos que con la ayuda de Dios llegaríamos a ser una bendición para nuestra ciudad; encarnaríamos el amor de Cristo por sus habitantes, para llevar Su amor y Su sanidad a los lugares de nuestra ciudad que más necesitaban de Él. Entonces le pedimos a Dios que nos mostrara formas en que pudiéramos demostrarles la paz y el amor del reino.

Poco después, Dios llamó nuestra atención sobre una escuela primaria pública con muy bajo rendimiento en un barrio pobre del centro de la ciudad. Era la peor escuela en nuestro condado y había planes de clausurarla en un período de dos años.

Nos vinculamos mucho con esa escuela en los años siguientes. Dirigimos varios proyectos de renovación. Muchos de nosotros participamos en la tutoría de niños. Pequeños grupos apoyaron las aulas y a los maestros, alojaron a refugiados y satisficieron las necesidades físicas de las familias en la escuela. Una pareja que pronto se casaría en nuestra iglesia pidió que cualquier regalo para ellos se dedicara a una familia en la escuela cuya casa había sido destruida en un incendio.

Al final del primer año, el director nos preguntó si podíamos orar por sus alumnos durante los exámenes de fin de curso porque sus calificaciones serían el criterio principal por el cual se evaluaría a la escuela.

Al cuarto año de nuestra participación, la escuela (que anteriormente tenía las calificaciones más bajas entre todas las escuelas del condado) alcanzó el porcentaje más alto de niños que aprobaron sus exámenes de fin de curso. En un informe sobre nuestro apoyo a la escuela, el director reconoció que los esfuerzos de la iglesia habían mejorado el rendimiento académico.[65] Poco después, en una cena con los maestros, uno de ellos expresó: «Siempre he sabido que los cristianos creen que deben amar a sus vecinos […]. Hasta ahora nunca había visto cómo eso se manifestaba».

El pasado mes de enero fui invitado a hablar en el mitin anual en homenaje a Martin Luther King, Jr. en nuestra ciudad. Es un evento muy importante que se trasmite por la televisión y en el que participan todos los funcionarios del gobierno de la ciudad y del condado. Me pidieron que simplemente explicara por qué pensábamos que era importante amar a la comunidad.

Solo unos minutos antes de que comenzara la actividad, me encontraba detrás del escenario tan nervioso como un niño que dará su primer recital de piano. El administrador del condado, al sentir mi ansiedad, puso su mano en mi hombro y me preguntó: —J. D., ¿sabe por qué le han pedido que hable en este evento?

Le respondí: —No, y si pudiera decirme realmente se lo agradecería, porque estoy súper nervioso.

Me dijo: —Por todo lo que su iglesia ha hecho por nuestra ciudad.

Más tarde añadió: —En cualquier parte de nuestra ciudad que hay una necesidad, también hay miembros de la Iglesia Summit que satisfacen esa necesidad. No podíamos pensar en nadie que encarne mejor el espíritu de amor fraternal en nuestra ciudad que usted, en nombre de su iglesia.

Me paré ante el público ese día y durante veinte minutos expliqué que la generosidad de nuestra iglesia era una respuesta a la generosidad radical de Cristo hacia nosotros. Cristo había hecho por nosotros lo que no podíamos hacer por nosotros mismos; entonces ¿cómo podríamos no extender eso a aquellos que estaban necesitados? Al terminar mis palabras, la junta escolar, el alcalde y el concejo municipal respondieron con una gran ovación.

Las obras corroboran el mensaje. Lo hacen visible y comprensible.

En los últimos años, he escuchado tantas historias en nuestra iglesia de pequeños grupos (células) que recogen donativos para pagar las cirugías de personas; dan alojamiento a refugiados; incluso reducen el tamaño de sus casas para poder aportar más. Nuestros invitados han señalado cuán generosa y respetuosamente fueron tratados cuando visitaron el campus de nuestra iglesia.

Cuando las personas preguntan la razón de nuestra generosidad, nos llena de gozo decirles: «Nos encanta ser generosos con los demás porque Cristo ha sido muy generoso con nosotros». Nuestra generosidad nos brinda la oportunidad de proclamar el evangelio. Nuestra amabilidad hacia la gente de nuestra ciudad no es más que una tenue sombra de la gran amabilidad de Jesús con nosotros, pero creo que ha ayudado a las personas de nuestra ciudad a comprender mejor cómo es Jesús. Ha ayudado a crear en nuestra comunidad un deseo por el evangelio.

¡Predica el evangelio a todas las personas, en todo momento y en todos los lugares!

Una iglesia centrada en el evangelio prioriza el mensaje del evangelio en sus ministerios. El mensaje se enfoca en lo que Cristo ha hecho y no en lo que debemos hacer, y luego se demuestra el evangelio en la comunidad que la rodea.

Una iglesia centrada en el evangelio siempre tiene que ver con el evangelio. Predica el evangelio en todos los lugares, en todos los momentos y a todas las personas. El evangelio es el elemento definitorio en cada parte de su ministerio.

Los no creyentes necesitan escuchar el evangelio para creerlo y ser salvos. Los creyentes necesitan que se les recuerde el evangelio para que puedan crecer y profundizar en Cristo. En realidad, no hay ninguna diferencia entre lo que necesitan escuchar los creyentes y los no creyentes. Tanto los creyentes como los incrédulos necesitan entrever la gloria majestuosa de Dios, percibir Su belleza superior y tener una idea de cuánta gracia Dios ha mostrado hacia ellos en Cristo. Tanto los creyentes como los incrédulos deben ser reprendidos por su orgullo y autosuficiencia; es necesario recordarles la belleza incomparable de Dios. Ambos necesitan ser estimulados en la fe. El evangelio es el centro del mensaje sin importar con quién estés hablando. Es todo. Cristo es todo.

Así que, haz que el evangelio sea central en todo lo que hagas. Predícalo en todas partes, siempre y a todas las personas.

Nunca encontrarás el fondo

Una de las cosas que me encanta de las historias de Jesús es que a menudo usa personajes bastante sombríos para expresar una idea. Tal es el caso de la parábola del tesoro escondido en un campo, recogida en Mateo 13:44.

Les daré mi versión. Un hombre que camina por el terreno de un amigo tropieza con lo que él supone que es una roca que sobresale de la tierra. Excava un poco con sus manos, y descubre que no es una roca; es la esquina de un gran cofre lleno de objetos de recuerdo de Elvis Presley, muy valiosos. Sin embargo, en lugar de decirle a su amigo lo que ha encontrado, vuelve a esconder el tesoro y le hace una oferta por el terreno. Su amigo (que ignora completamente la existencia del tesoro) le pregunta por qué quiere comprarlo, y el hombre dice: «Ah, no sé... La hierba, la tierra y los árboles son tan bonitos... No sé... Simplemente lo quiero». Como su amigo no tiene ninguna razón para vender el campo, le pone un precio astronómico. Sin embargo, antes de que pueda terminar

de hablar, el hombre exclama: «¡VENDIDO!» y se apresura a
regresar a su casa para juntar su dinero. El problema es que no
tiene el dinero necesario, por lo que vende todo lo que tiene.
Hace una gran venta de garaje y pide prestado dinero a quien
pueda prestárselo. Renuncia literalmente a todo. Pero Jesús
describe la actitud del hombre respecto a este asunto con una
sola palabra: «alegría».

«Lleno de alegría fue y vendió todo lo que tenía y
compró ese campo» (13:44).

Lo que llena su corazón no es la pena por lo que está
perdiendo, sino la alegría por lo que está ganando. El hombre
corre al banco para deshacerse de todos sus activos porque
sabe que lo que está ganando es infinitamente más valioso que
cualquier cosa que pueda perder.

Jesús dijo que encontrar a Dios es así. No te confundas,
seguir a Jesús significa que renuncias a tu derecho a todo lo
demás en el mundo. Debes renunciar literalmente a todo
(Luc. 14:33). Eso significa que nada puede estar vedado para
Jesús. No puedes poner límites respecto a dónde vivirás o qué
harás. Tu «contrato» con Él no puede tener condiciones; es
una rendición absoluta e incondicional. Debes estar dispuesto a apartarte de tu familia, tus amigos, las comodidades, las
riquezas e incluso de tu propia vida. Debes estar dispuesto a
recoger Su áspera y dolorosa cruz y seguirlo. Debes vivir para
los demás, pues Él vivió para ti.

No obstante, si percibes el valor de Jesús, nada de esto te
parecerá un sacrificio. La cruz es dolorosa y los costos del discipulado son elevados, pero la alegría de lo que has obtenido
en Él hasta ahora supera cualquier dolor a causa de lo que has
abandonado.

Hebreos 12:2 manifiesta que Jesús fue a la cruz con alegría.

«Quien por el gozo que le esperaba, soportó la cruz, menospreciando la vergüenza que ella significaba, y ahora está sentado a la derecha del trono de Dios».

Ciertamente no amaba la cruz, dijo el autor de Hebreos. Tuvo que soportarla. El dolor era terrible. Pero la alegría de lo que estaba ganando le ayudó a soportarla. ¿Y qué era esa alegría? Entre otras cosas, *tú*.

Este es el Dios que te pide que levantes tu cruz y lo sigas.

Jesús es el tesoro por el que vale la pena dejarlo todo.

> Jesús es el tesoro por el que vale la pena dejarlo todo.

Conocerlo convertirá el sacrificio en dulzura y el deber en deleite. Incluso cuando tu compromiso con Él te lleve a una cruz, Él será un tesoro que cubrirá esa cruz de alegría.

Amar a Jesús es lo que hace que Su cruz se sienta «liviana». De no ser así, ¿cómo pudo haber dicho Él?: «Vengan a mí todos ustedes que están cansados y agobiados, y yo les daré descanso. [...] Porque mi yugo es suave y mi carga es liviana» (Mat. 11:28-30). ¿No es este el mismo Jesús que nos dijo que cargáramos nuestra cruz? ¿Cómo puede ser la cruz una carga «liviana»?

Eso solo ocurre cuando amas a Aquel para quien la llevas. Él hace dulce su amargura.

La idea de este libro es que el evangelio es lo único que puede generar ese tipo de amor por Dios en ti. El amor por Jesús no puede aparecer simplemente por mandato. Y sin amor, dijo Pablo, incluso los más grandes actos de fe y de compromiso carecen de valor para Dios (1 Cor. 13:1-3).

El amor a Dios, dice la Escritura, emana de Su amor por nosotros (1 Jn. 4:19). La única forma en que el amor a Dios y a los demás crece en nosotros es a través de la fe en la historia del gran amor de Dios por nosotros: el evangelio.

Como personas caídas, ciertamente tendremos que hacer muchas cosas en nuestra vida que no querremos hacer, incluso después de que tengamos el evangelio en el lugar adecuado. Debemos hacer lo correcto, nos guste o no. Pero no debemos contentarnos simplemente con servir a Dios con nuestras acciones mientras nuestro corazón se aleja de Él. Así que, a medida que nos disciplinamos para hacer lo que es correcto, debemos empapar nuestras almas del evangelio para aprender a amar lo correcto. Nuestros actos de obediencia deben ser en sí mismos una expresión de fe en el evangelio.

Deja que la ley sea la ley y que el evangelio sea el evangelio[66]

Ten mucho cuidado de no utilizar como tratamiento lo que la Biblia pretende que sea el diagnóstico. El diagnóstico describe lo qué está mal; el tratamiento nos dice qué hacer al respecto.[67]

La Biblia habla de muchas cosas que se manifestarán en nosotros si nuestra fe es genuina. He explicado muchas de ellas en este libro: seremos generosos con los pobres (Sant. 2:14-17); estaremos llenos de amor por la iglesia (1 Jn. 3:14); nos preocuparemos mucho y trabajaremos en pro de la iglesia perseguida (Mat. 25:31-46); perdonaremos (Mat. 18:21-35); crecerá nuestro amor por la justicia (1 Jn. 3:3), y muchas otras cosas. Si estas cosas *no* se manifiestan en nosotros, entonces es posible que no seamos salvos.

«La falta de amor», «la apatía» y el «pecado habitual» son diagnósticos de muerte espiritual. Sin embargo, nos equivocamos completamente cuando creemos que podemos corregir esas cosas al corregir nuestro comportamiento.

La fe en el evangelio es siempre el tratamiento indicado por Dios.

Una vez le preguntaron a Jesús: «¿Qué tenemos que hacer para realizar las obras que Dios exige?» (Juan 6:28). En otras palabras, «¿Cuáles son las obras "primordiales" de Dios que consideras que son *más* importantes?». ¿Es *principalmente* la justicia social, las misiones globales, la defensa de los pobres, la memorización de la Escritura, la asistencia a la iglesia, las visitas casa por casa, la participación en grupos pequeños o células? ¿Cuál es más importante para ti?

Cada líder de la iglesia espera ansiosamente escuchar la respuesta de Jesús. La respuesta determina la próxima gran moda en el cristianismo.

> La fe en el evangelio es siempre el tratamiento indicado por Dios.

Jesús no identificó ninguna de estas. Respondió: «Esta es la obra de Dios: que crean en aquel a quien él envió...» (v. 29).

¡Caramba! Nuestra «obra» más importante es «creer». Cuando hayamos «hecho» eso, por supuesto, comenzaremos a hacer de forma natural todo lo demás. Creer verdaderamente en el evangelio produce en nosotros una preocupación por los pobres, un amor por la Escritura, un deseo de estar en una comunidad auténtica, un amor por la santidad y todo lo demás que es parte de la vida cristiana. Esos comportamientos son el resultado (o, los frutos) de la fe en el evangelio. Creer precede al comportamiento correcto.

Entonces, ¿realmente quieres realizar las obras de Dios? Pues cree en Aquel a quien ha enviado.

Creer en el evangelio es lo que liberó un gran poder entre los seguidores de Jesús, que los llevó a vivir con una temeridad radical y una fe audaz. Esto contradecía todas las demás enseñanzas religiosas en el mundo, en el sentido de que ofrecía la aceptación de Dios como un regalo y no como una recompensa. Esta dádiva generó una intensidad y una pasión por Dios en los seguidores de Jesús que ninguna otra religión era capaz de producir.

> Creer verdaderamente en el evangelio produce en nosotros una preocupación por los pobres, un amor por la Escritura, un deseo de estar en una comunidad auténtica, un amor por la santidad y todo lo demás que es parte de la vida cristiana.

La fe en el evangelio liberó en los seguidores de Jesús el poder que hizo que el cristianismo fuera revolucionario.

Así que, permíteme terminar volviendo a la idea que expresé al principio: Vivir una vida centrada en el evangelio no consiste en orar la oración del pecador para asegurarte de que irás al cielo y luego aprender una serie de nuevos principios para dominar la vida cristiana. Estar centrado en el evangelio consiste en empapar tu corazón de las buenas nuevas de Jesús; al hacerlo, se reforma tu mente de modo que verás todo sobre ti y tu vida a través de ese lente.

Crecer en Cristo no es ir más allá del evangelio, sino profundizar en él.

Haz que el evangelio sea el centro de tu vida. Acércate a él cuando tengas dolor. Deja que sea el fundamento de tu identidad. Basa tu confianza en él. Corre hacia él cuando tu alma esté inquieta. Encuentra paz en él en momentos de confusión y consuelo en tiempos de arrepentimiento. Permanece en él hasta que las pasiones virtuosas por Dios surjan en ti. Deja que te inspire a tener sueños centrados en Dios y desafiantes de la muerte, para Su gloria.

Mi alma ha encontrado su lugar de reposo. Ya no me siento angustiado al pensar en lo que debo hacer para que Dios esté complacido conmigo. Cristo lo ha logrado todo en mi nombre. No puedo agregarle nada, y no puedo quitarle nada. Tengo mucho por crecer en mi vida cristiana, pero mi posición en Él es segura.

Al haberlo encontrado (o mejor dicho, al haberme encontrado Él a mí), y sentirme asombrado por Su gracia, mi corazón crece en el amor por Él y por los demás. La generosidad es como una corriente que fluye cada vez más fuerte en mi corazón.

> Creer en el evangelio es lo que liberó un gran poder entre los seguidores de Jesús, que los llevó a vivir con una temeridad radical y una fe audaz.

Doy más dinero ahora que nunca, no porque deba hacerlo, sino porque quiero hacerlo. Pienso en mí mismo menos que antes, principalmente porque he encontrado un reino más grande y cautivador para vivir que el mío. El esplendor de Su reino me ha hecho sentirme harto del mío.

Entonces, te invito a profundizar en el evangelio. Estúdialo profundamente, como estudia el seminarista la doctrina, pero también como estudias una puesta de sol que te deja sin palabras; o como un hombre que está apasionadamente enamorado de su esposa y la estudia, hasta que queda tan cautivado por ella que deja de sentir atracción por otras mujeres.[68]

El evangelio no es solo el trampolín desde el cual saltamos a la piscina del cristianismo; es la piscina en sí. Así que sigue profundizando en él. Nunca encontrarás el fondo.

¡Espero que ores esta oración conmigo por el resto de tu vida!

*En Cristo, no hay nada que yo pueda hacer
para que tú me ames más, ni nada que yo
haya hecho hará que me ames menos.*

*Tu presencia y tu aprobación son todo lo
que necesito para el gozo eterno.*

Como has sido conmigo, así seré con los demás.

*Al orar, mediré tu compasión por la cruz
y tu poder por la resurrección.*

El proyecto del evangelio

El evangelio es el poder de Dios para la salvación. Nada transformará más tu vida que vivir en la riqueza del evangelio. Me ha pasado a mí; le ha sucedido a nuestra iglesia; y te sucederá a ti.

A la luz de eso, tengo un reto para ti a manera de seguimiento de este libro. Todos los días, durante los próximos 40 días: ¿a) orarías las cuatro partes de «La oración del evangelio» y b) leerías dos o tres capítulos de los Evangelios: Mateo, Marcos, Lucas y Juan?

¿Por qué? Quiero que te empapes del evangelio todos los días. Los libros más centrados en el evangelio jamás escritos son Mateo, Marcos, Lucas y Juan. Allí encontrarás a Jesús. Permanece junto a Él en los Evangelios durante 40 días, y deja que «La oración del evangelio» replete tu corazón y tu mente con Su belleza y amor. Creo que te ayudará mucho a aprender a «permanecer» en Él.

De nuevo, aquí está la oración:

*En Cristo, no hay nada que yo pueda hacer
para que tú me ames más, ni nada que yo
haya hecho hará que me ames menos.*

*Tu presencia y tu aprobación son todo lo
que necesito para el gozo eterno.*

Como has sido conmigo, así seré con los demás.

*Al orar, mediré tu compasión por la cruz
y tu poder por la resurrección.*

	Día	Lectura
☐	1	Mateo 1–2
☐	2	Mateo 3–4
☐	3	Mateo 5–7
☐	4	Mateo 8–9
☐	5	Mateo 10–12
☐	6	Mateo 13–14
☐	7	Mateo 15–16
☐	8	Mateo 17–18
☐	9	Mateo 19–20
☐	10	Mateo 21–23
☐	11	Mateo 24–25
☐	12	Mateo 26–28
☐	13	Marcos 1–3
☐	14	Marcos 4–5
☐	15	Marcos 6–7
☐	16	Marcos 8–10
☐	17	Marcos 11–13
☐	18	Marcos 14–16
☐	19	Lucas 1–2
☐	20	Lucas 3–4
☐	21	Lucas 5–6
☐	22	Lucas 7
☐	23	Lucas 8–9
☐	24	Lucas 10–11
☐	25	Lucas 12–13

	Día	Lectura
☐	26	Lucas 14–16
☐	27	Lucas 17–19
☐	28	Lucas 20–21
☐	29	Lucas 22–24
☐	30	Juan 1–2
☐	31	Juan 3–4
☐	32	Juan 5–6
☐	33	Juan 7–8
☐	34	Juan 9–10
☐	35	Juan 11–12
☐	36	Juan 13–14
☐	37	Juan 15–16
☐	38	Juan 17
☐	39	Juan 18–19
☐	40	Juan 20–21

APÉNDICE 2

Una advertencia centrada en el evangelio a los teólogos jóvenes y entusiastas

Me he dado cuenta de que muchos de los que llegamos a comprender este concepto de estar «centrados en el evangelio» podemos tener una tendencia a estar más entusiasmados con esa «teoría» que con respecto al evangelio mismo. Al menos yo soy así. Me he vuelto bastante bueno en identificar la predicación que no está centrada en el evangelio, y puedo señalar con habilidad las deficiencias de ciertos ministerios. Sin embargo, el objetivo de estar centrado en el evangelio no es tener la capacidad de criticar a los demás. El objetivo es adorar a Dios y venerar Su gracia.

> El objetivo es adorar a Dios y venerar Su gracia.

Muchos de los que amamos hablar sobre estar centrados en el evangelio parecemos poseer muy poco de la humildad que debería acompañarnos. Puedes ver eso en cómo nos promocionamos a nosotros mismos y cuán descorteses somos con los demás. Siempre me sorprende que podamos estar orgullosos porque entendemos aquello que debería llevarnos a la humildad.

Mi mente a menudo se ha encendido más con la última tendencia teológica que con la pasión por el Dios que se entregó a sí mismo por mí en la cruz. El conocimiento que no conduce, en última instancia, al amor y la humildad es «inútil», expresó Pablo. Lo que realmente importa, afirmó, no es el conocimiento en sí mismo, sino el amor que nuestro conocimiento del evangelio debe producir (1 Cor. 12:1-3).

Uno de mis temores al escribir este libro es que podría contribuir a generar una arrogancia cada vez mayor entre los teólogos más jóvenes que sientan que la comprensión de este concepto los hace más especiales a los ojos de Dios (¡oh, la ironía!) que aquellos que no pueden expresarlo, y que juzguen a las demás personas teniendo en cuenta si utilizan o no los mismos términos que ellos usan.

Recientemente hablé con una ancianita que fue mi maestra de escuela dominical en la iglesia (muy tradicional) en la que crecí. Me dijo: «Sabes, a medida que pierdo más y más amigos que van al cielo, a menudo me pregunto cómo será realmente y qué debería esperar encontrar allí. Sé que dicen que hay calles de oro, pero eso no me emociona mucho. Lo único que realmente quiero es ver a Jesús». Esta señora nunca ha oído hablar de John Piper y no tiene idea de qué es Coalición por el Evangelio, pero el evangelio la ha transformado. Ella ama a Jesús, y eso es lo esencial de estar centrados en el evangelio.

Hay muchas ancianitas que sirven en las guarderías de las iglesias que pueden no saber cómo articular las teorías centradas en el evangelio ni tienen el ingenio para deslumbrar nuestras mentes con conocimientos psicológicos, observaciones culturales ni interpretaciones cristocéntricas de oscuros pasajes del Antiguo Testamento. Sus corazones, sin embargo, arden de amor por Jesús y desbordan gratitud por Su gracia.

Su amor por Dios, humilde y rebosante del evangelio, vale más que todos los libros que tú o yo podamos escribir sobre el tema.

Así que, no juzgues a estas personas con ligereza. Sé humilde con ellas. La idea no es dominar la teoría centrada en el evangelio. La idea es amar al Dios del evangelio.

Notas

Capítulo 1

1. En este punto, podrías preguntarte: «¿Pero por qué entonces se nos ordena amar a Dios, si el amor verdadero solo crece, de forma natural, como respuesta?». Esa es una gran pregunta, y llegaremos a ella más adelante (específicamente, en el capítulo 12). La Biblia ciertamente establece muchos mandamientos, y debemos obedecerlos aun cuando eso significa ir en contra de nuestros deseos. Como explicaré en el capítulo 12, obedecer los mandamientos de Dios incluso cuando no deseamos hacerlo puede ser en sí mismo un acto de fe en el evangelio.

2. Dios brinda la fe para creer en el evangelio a través de la predicación del evangelio. El Espíritu de Dios usa ese mensaje para dar la capacidad de creer a los que escuchan (Juan 1:13; 6:44; Rom. 10:17). Los detalles sobre cuándo y cómo sucede esto pueden variar, pero la mayoría está de acuerdo en que la fe en el corazón solo puede producirse a través del poder del Espíritu.

3. La primera vez que escuché esta peculiar expresión fue de un amigo, Tullian Tchvidjian, en un mensaje predicado en la Iglesia Summit en 2010.

4. Le debo esta analogía a Paul Tripp, quien la utilizó en una charla dada en la Iglesia Summit de Raleigh-Durham, Carolina del Norte, en marzo del 2010.

5. Esta frase se la debo a Tim Keller. Sería difícil sobreestimar el impacto que el doctor Keller, David Powlison, Ed Welch y otros han tenido en mi pensamiento. Me han llevado a una revolución del evangelio de la que nunca me he recuperado, y probablemente nunca lo haga.

6. Martín Lutero, *The Sermons of Martin Luther* [Los sermones de Martín Lutero], vol. VI (Grand Rapids: Baker, 1983), 146.

Capítulo 2

7. Escuché estos términos por primera vez en un sermón de Tim Keller sobre la parábola de las semillas de Marcos 4:3-20.

8. Pablo afirma (Rom. 1:25) que la esencia del pecado humano es adorar y servir más a la criatura que al Creador. Adán y Eva comieron del fruto prohibido porque lo adoraron en lugar de Dios.

9. Los conceptos de «dioses funcionales» y «salvadores funcionales» no son de mi creación. Por ejemplo, Martin Lutero habla sobre estos conceptos en su *Catecismo menor*, y Juan Calvino lo hace en la parte inicial de *La institución de la fe cristiana*. Ver también *Idols of the Heart and Vanity Fair* [Ídolos del corazón y feria de vanidades] de David Powlison, *The Journal of Biblical Counseling* [Revista de asesoramiento bíblico] 13:2 (invierno de 1995), 35-50.

10. «Ídolo raigal» es un término acuñado por David Powlison en el artículo *Idols of the Heart and Vanity Fair* [Ídolos del corazón y feria de vanidades], *The Journal of Biblical*

Counseling [Revista de asesoramiento bíblico], vol. 13, no 2, invierno, 1995, 35.

11. Nuevamente, le debo este concepto a Tim Keller. El doctor Keller describe una situación similar en la que tomó clases de música clásica simplemente para obtener una calificación que le permitiría conseguir un trabajo y ganar dinero. Sin embargo, a medida que se hizo mayor comenzó a amar la música clásica y ahora dedica mucho dinero a disfrutarla.

12. Leí esta historia por primera vez en un sermón de Charles Spurgeon. También lo escuché de D. Martyn-Lloyd Jones y Tim Keller. Como no he podido encontrar el original, puedo haber añadido algunos detalles. Sin embargo, la esencia de la historia, y la idea que Spurgeon trataba de expresar, son las mismas. La versión de Keller aparece en *The Prodigal God: Recovering the Heart of the Christian Faith* [El Dios pródigo: El redescubrimiento de la esencia de la fe cristiana] (Nueva York: Dutton, 2008), 60-62.

Capítulo 3

13. Algunos estudiosos señalan que la traducción más adecuada aquí sería: «*Dado* que eres el Hijo de Dios». Como tal, Satanás puede no estar preguntando directamente: «¿Estás seguro de que eres el Hijo de Dios?». Más bien dice: «Dado que eres el Hijo de Dios, ¿por qué no cambias estas circunstancias? No deberías estar aquí en el desierto; deberías estar sentado en un trono. No deberías estar hambriento; deberías tener pan en abundancia». En cualquier caso, esto sigue siendo un ataque a la identidad de Jesús. Sutilmente, Satanás busca que Jesús cuestione Su identidad al crear dudas sobre la circunstancia en que se encuentra. (Desde esta perspectiva, «Si eres el Hijo de Dios», como se traduce en muchos casos, sería más una interpretación teológica que una interpretación estrictamente

gramatical. Jesús rechaza correctamente el ataque de Satanás y se deleita en la declaración de Dios sobre Él como la validación de Su identidad, en lugar de considerar las circunstancias en las que se encontraba).

14. Tomado de un sermón de Louie Giglio dado en el Metro Bible Study [Estudio Bíblico Metro] en Atlanta, Georgia. Desafortunadamente, no puedo recordar el título del sermón.

15. Ver, por ejemplo, Martín Lutero, *Luther's Works* [Obras de Lutero], vol. 1: *Lectures on Genesis* [Conferencias sobre Génesis]: Capítulos 1-5 (San Luis: Concordia Publishing House, 1999), 21-22. Ver también, Carl Trueman, al resumir cómo Martín Lutero pensaba sobre el poder de las palabras: «Dicho de otro modo, algunos podrían acusarme de que soy un fracaso, un idiota, un payaso, que soy malvado, incompetente, cruel, peligroso, patético, etc., y estas palabras no son solo descriptivas: tienen cierto poder para hacerme ser estas cosas, a los ojos de los demás e incluso a mis propios ojos, a medida que las dudas sobre mí mismo penetran en mí y el diablo me susurra al oído. Pero Dios habla más fuerte y Su palabra es más poderosa. Puedes llamarme mentiroso y decir la verdad, porque he mentido; pero si Dios me declara justo, entonces mis mentiras y tu insulto no son la palabra final, ni la palabra más poderosa. Tengo paz en mi alma porque la Palabra de Dios es la realidad. Es por eso que necesito leer la Biblia todos los días, escuchar la palabra predicada cada semana, acercarme a Dios en oración y escuchar las palabras de gracia de otros hermanos mientras trato de expresarles lo mismo. Solo cuando Dios me comunica Su palabra, y escucho esa palabra en fe, es que mi realidad se transforma y los insultos de los demás, de mi naturaleza pecaminosa y del maligno mismo, dejan de constituir mi realidad. Las palabras de mis enemigos, externos e internos, podrían ser poderosas por un momento,

como un fuego artificial que explota en el cielo nocturno; pero la Palabra del Señor es más fuerte, más brillante y es eterna».

Capítulo 4

16. Mi intención es usar el término «la ley» como lo usó Pablo en su carta a los Gálatas. Según este uso, la «obediencia a la ley» es aquello que busca cambiarnos mediante la modificación del comportamiento en lugar de la fe en el evangelio. Pablo expresa que la ley nos indica: «Haz esto y vivirás». Pablo afirma que esa es la esencia de la justificación por las obras. Dios nos transforma de una manera diferente. En lugar de «haz esto y vivirás», el evangelio afirma «el justo por la fe vivirá» (Gál. 3:1-6,11-13).

17. Esta idea ha sido desarrollada por varios autores: Gary Thomas, John Eldredge y Tim Keller, por nombrar algunos.

Capítulo 5

18. No estoy seguro de quién expresó primero esta idea, pero creo que la primera vez que la escuché fue cuando Mark Driscoll habló en la conferencia *Advance the Church* [Fomentar la Iglesia] en Durham, Carolina del Norte.

19. Para un estudio completo sobre la idolatría, sugeriría enfáticamente el libro *Counterfeit Gods* [Dioses Falsos] de Tim Keller (Nueva York: Dutton, 2009).

20. Para aquellos que comparten este ídolo conmigo, sugeriría *When People Are Big and God Is Small* [Cuando la gente es grande y Dios es pequeño], de Ed Welch, (Phillipsburg: P & R Publishing, 1997). Welch hace un análisis asombrosamente perspicaz de la naturaleza humana, especialmente para personas obsesivas del grupo A.

21. Ver C. S. Lewis, *The Weight of Glory* [El peso de la gloria], en *The Weight of Glory and Other Addresses* [El peso de

la gloria y otros discursos] (Nueva York: Simon & Schuster, 1975).

22. He escuchado que esta imagen se atribuye a Jonathan Edwards, pero no estoy seguro de la fuente.

23. La inspiración para esto provino de una similar dada en un sermón de John Piper, *The Present Power of a Future Possession* [El poder presente de una posesión futura]. Ver https://www.thegospelcoalition.org/blogs/justin-taylor/having-god-is-better-than-money-sex-power-or-popularity/.

24. Lewis expresó esto en una carta a Dom Bede Griffiths (23 de abril de 1951): «Pongamos las cosas esenciales en primer lugar y obtendremos también las secundarias: pongamos primero las secundarias y perderemos *tanto* las esenciales como las secundarias. Por ejemplo, cuando somos glotones nunca obtenemos a plenitud el placer sensual de la comida». Algo similar manifestó en *First and Second Things* [Cosas esenciales y secundarias], en *God in the Dock: Essays on Theology and Ethics* [Dios en el banquillo: Ensayos sobre teología y ética] (Grand Rapids: Eerdmans, 1994), 280.

Capítulo 6

25. Explicación de Charles Misner, uno de los estudiantes de Einstein, sobre la razón por la que Einstein nunca creyó en el Dios cristiano. No hay fuente disponible.

26. Éxodo 19:8; 24:3. Más tarde, por supuesto, renegaron de esa promesa, y se alejaron lo más posible de Dios. Esto ocurrió porque la visión de Dios se había desvanecido de sus ojos.

27. Consultar https://www.firstthings.com/article/1991/12/the-feminist-revelation.

Capítulo 7

28. He escuchado esta interpretación de las palabras de Jesús varias veces a lo largo de los años, más recientemente de Tim Keller, Rob Bell y Ken Sande. Al igual que con la mayoría de mis interpretaciones en este libro, no es original mía. Los sermones de Keller realmente te ayudan a entender el perdón basado en la gracia; el libro de Sande *Peacemaking for Families* [Paz en la familia] (Wheaton: Tyndale, 2002) te ayuda a aplicar esta enseñanza en el contexto de las relaciones.

29. C. S. Lewis, *The Four Loves* [Los cuatro amores] (1960; Harcourt Brace: 1991), 105-6.

Capítulo 8

30. Algunos lectores pueden preguntarse si estoy respondiendo en este capítulo al capítulo 6 de *Radical*, de David Platt, *How Much is Enough* [¿Cuánto es suficiente?] (publicado en español por editorial Unilit, 2011). La respuesta es «no» y «sí». «No», en el sentido de que no he intentado describir en este capítulo de manera plena o suficiente las ideas de David sobre el dinero y responder a ellas. «Sí», en el sentido de que algunos lectores del libro de Platt han adoptado una visión desequilibrada del dinero y los propósitos de Dios respecto a él en nuestra vida. He escrito este capítulo para aclarar lo que creo que la Biblia enseña sobre el dinero. Platt revisó este capítulo y expresó que estaba de acuerdo con los principios básicos presentados. David y yo creemos que la amistad piadosa y la crítica piadosa no son opuestas, y estoy agradecido por *Radical* y por el impacto que ha tenido en las misiones mundiales. Creo, junto con David, que el alma de la iglesia estadounidense ha sido seducida por «el sueño americano» y oramos para que Dios le dé a nuestra generación la gracia de

amar lo que Jesús ama y aprovechar nuestros recursos en la búsqueda de esas cosas.

31. Juan Calvino, *Institutes of the Christian Religion* [La institución de la religión cristiana], ed. John T. McNeill (1559, reimpresión Filadelfia: Westminster, 1960), 1:839.

32. En mi opinión, no encontrarás un estudio mejor sobre la obligación del cristiano hacia los pobres que *Generous Justice: How God's Grace Makes Us Just* [Justicia generosa: Cómo la gracia de Dios nos hace justos] de Tim Keller (Nueva York: Dutton, 2010). ¡Corre a la librería y busca tu copia!

33. Juan 14:18,28. Sé que camino en un terreno peligroso aquí. *Cómo* exactamente el Espíritu guía es una discusión compleja y bíblicamente rica. Si este es en verdad un punto de debate para ti, permíteme sugerirte *Just Do Something: a Liberating Approach to Finding God's Will* [Simplemente haz algo: un enfoque liberador para encontrar la voluntad de Dios] de Kevin DeYoung (Chicago: Moody, 2009). Sobre este tema hay pocos libros tan equilibrados y fáciles de leer como el de Kevin.

34. Para acceder a un buen material adicional sobre este tema, lee *Money, Possessions and Eternity* [El dinero, las posesiones y la eternidad] de Randy Alcorn (Wheaton: Tyndale, 2002), 285. Todo el libro es excelente, pero encontré particularmente útil el capítulo 16, *Making Money, Owning Possessions, and Choosing a Lifestyle* [Ganar dinero, ser dueño de posesiones y elegir un estilo de vida], de donde proviene esta observación.

35. Para más información sobre este principio, ver *Pure Pleasure: Why Do Christians Feel So Bad About Feeling Good?* [Placer puro: ¿Por qué el creyente se siente tan mal de sentirse bien?], de Gary Thomas (Grand Rapids: Zondervan, 2009), capítulos 3, 5 y 11. Personalmente, considero que el libro de Thomas está un poco desequilibrado y no le da suficiente importancia al llamado cristiano a sufrir y sacrificarse. Sin

embargo, Thomas presenta la argumentación bíblica para disfrutar de los buenos dones de Dios.

36. Esto proviene de una conversación personal que tuve con Larry Osborne, pastor principal de la North Coast Church en Vista, California, en mayo del 2010.

37. Debo la conexión de las flores con la belleza y las aves con la seguridad a un mensaje de Tim Keller sobre el pasaje dado en la Redeemer Presbyterian Church en la ciudad de Nueva York.

38. Esto proviene de *Treasure Principle* [El principio del tesoro] de Randy Alcorn (Colorado Springs: Multnomah, 2005), 17; otro de los trabajos de Alcorn sobre el dinero que te recomendaría enfáticamente.

Capítulo 9

39. Si es preocupante para ti la idea de que las personas solo pueden salvarse invocando el nombre de Jesús, puedes leer *Jesus: The Only Way to God. Must You Hear the gospel to Be Saved?* [Jesús, el único camino al Padre. ¿Se debe oír el evangelio para ser salvado?], de John Piper (Grand Rapids: Baker, 2010), o el capítulo 7 de *Radical: Taking Back Your Faith from the American Dream* [Radical: Apartar tu fe del sueño americano], de David Platt (Colorado Springs: Multnomah, 2010). Me instruí a mí mismo sobre esto en un mensaje titulado «La tarea es urgente: Romanos 10:14-17», dado en la Iglesia Summit en Durham, Carolina del Norte, el 3 de octubre de 2010. Está disponible para su descarga gratuita en www.summitrdu.com.

40. Ver la discusión en el capítulo 10. Ver también Hechos 13:1-3. La iglesia primitiva estaba ansiosa de llevar el evangelio a las naciones, pero esperaban que el Espíritu Santo

los dirigiera y les diera el poder para hacer el trabajo. Esto era exactamente lo que Jesús les había enseñado (Hech. 1:6-8).

41. Usó un término técnico islámico para referirse «al camino recto» que se aplica solo al camino al cielo.

Capítulo 10

42. Eso es lo que Jesús les dijo a Sus discípulos en Juan 6. La mejor «obra de Dios» que debemos hacer es creerle. Creer es lo que potencia todas las demás obras, porque creer libera lo que Dios hará en la situación (Juan 6:29).

43. La Biblia enseña dos verdades complementarias, no contradictorias. Por un lado, Dios es completamente soberano sobre todos los que serán salvos, y ninguno se pierde (Juan 6:37,44), y aunque no desempeñemos nuestro papel al predicarles la salvación, Dios levantará a alguien más para hacerlo en nuestro lugar (Est. 4:14-16). La verdad complementaria es que, si no vamos, aquellos que podrían haber sido salvos no lo serán porque no tendrán la oportunidad de escuchar (Rom. 10:14-17), y seremos culpables de su muerte (Ezeq. 33:1-20; Hech. 20:26-27). Para nosotros, ser «culpables del derramamiento de sangre» significa que, si hubiéramos cumplido con nuestro deber, sus vidas podrían haberse salvado. Debemos creer y mantener ambas verdades en equilibrio.

44. *Spiritual Secret* [El secreto espiritual], de Hudson Taylor, capítulos 11 y 19, http://www.woobiola.net/books/taylor/jhtsecr.htm.

45. De William Carey, padre de las misiones modernas.

Capítulo 11

46. Hay dos importantes libros que te llevarán a profundizar en los propósitos de Dios en el sufrimiento y el mal. Uno es *If God Is Good: Faith in the Midst of Suffering and Evil*

[Si Dios es bueno: La fe en medio del sufrimiento y el mal], de Randy Alcorn, (Colorado Springs: Multnomah, 2009). El otro es *How Long, O Lord? Reflections on Suffering and Evil* [¿Hasta cuando, Señor? Reflexiones sobre el sufrimiento y el mal], de D. A. Carson, (Grand Rapids: Baker, 1990).

Capítulo 12

47. De nuevo, le debo esta analogía a Tullian Tchvidjian.

48. Esta cita proviene del excelente libro *The Discipline of Grace* [La disciplina de la gracia], de Jerry Bridges, (Colorado Springs: NavPress, 1994). Tengo una gran deuda con Bridges por este libro, así como por su libro *Transforming Grace* [Gracia transformadora] (Colorado Springs: NavPress, 2008).

49. Chip y Dan Heath argumentan esta idea en un contexto secular en su libro sobre liderazgo *Switch: How to Change Things When Change Is Hard* [Cambia el chip: Cómo afrontar cambios que parecen imposibles], recientemente publicado, (Crown Business, 2010). Explican cómo los líderes eficaces implementan el cambio en las organizaciones. Argumentan que este se fomenta mejor mediante el cambio de lo que las personas experimentan que mediante el convencimiento de la necesidad del cambio. Lo comparan con un hombre que monta un elefante y lo guía con riendas. El hombre podría pensar que dirige al animal, pero si el animal decidiera tomar una nueva dirección, el hombre no podría evitarlo. En su analogía, el elefante es como nuestros deseos, el hombre es como nuestra mente. Hay dos maneras de hacer que el hombre vaya en una dirección determinada. Puedes decirle que vaya en esa dirección, y tener la esperanza de que pueda persuadir al animal. O bien, puedes persuadir al animal, y el hombre tendrá que seguirlo.

50. El libro *A Praying Life* [Una vida de oración] de Paul Miller (Colorado Springs: NavPress, 2009) es un excelente recurso desde varios ángulos. Su enfoque de la oración y las disciplinas espirituales es uno de los mejores que he leído.

51. El libro de John Piper *Hunger for God* [Hambre de Dios] (Wheaton, Illinois: Crossway, 1997) es un excelente tratamiento del ayuno y el concepto completo de disciplina espiritual.

52. Un amigo mío aplica este principio (que puedes enseñarle al corazón a amar algo mediante la participación activa en ello) al evangelismo de una manera fascinante. El pastor Bob Roberts afirma que la forma más efectiva de cambiar la mentalidad de un escéptico no es a través de discusiones, sino a través de sus manos. Bob manifiesta que si te encuentras con un ateo, que no está abierto a Dios en absoluto, debes invitarlo a servir a los pobres contigo. A medida que experimente el gozo de dar a los demás, su corazón se ablandará para Dios, porque Dios es amor. A medida que experimente el amor del sacrificio, estará experimentando una dimensión de Dios. Eso hará que su corazón sea más receptivo a Él, y esto a su vez hará que su mente sea más receptiva a los argumentos en favor de Dios. Manos-corazón-mente. Lo que se ama, e incluso lo que se piensa, proviene de lo que se está experimentando y haciendo. Bob Roberts es uno de los evangelistas más eficaces que conozco.

Capítulo 13

53. Para tener una buena idea de cómo Dios nos dirige hoy, comienza por hacer un estudio sobre cómo discernir la voluntad de Dios en tu vida. Te sugeriría *Just Do Something* [Simplemente haz algo] de Kevin DeYoung (Chicago: Moody, 2009) junto con el clásico de Henry Blackaby *Experiencing*

God [Mi experiencia con Dios] (Nashville: B&H Publishing Group, 1998). Ambos libros tienen limitaciones, en mi opinión, pero creo que juntos darán lugar a algunas buenas preguntas y te señalarán la dirección correcta.

54. El libro de Tim Keller *Generous Justice* [Justicia generosa] (Nueva York: Dutton Adult, 2010) puede ayudarte a considerar cómo se manifiesta esto para ti y tu iglesia.

55. Sugeriría que profundices en cómo Dios usa las vocaciones seculares en Su reino; por ejemplo, en *God at Work* [Dios en acción] de Gene Edward Veith (Wheaton, Illinois: Crossway, 2002).

56. Consulta https://www.whitehorseinn.org/2011/11/the-great-assurance-november-december-2011-modern-reformation/

Capítulo 14

57. Michael Horton, *Christless Christianity* [Cristianismo sin Cristo] (Grand Rapids: Baker, 2008), 119.

58. Los «cinco puntos tradicionales del calvinismo» son: «Depravación total», «Elección incondicional», «Expiación limitada», «Gracia irresistible» y «Perseverancia de los santos».

59. Primera de Juan 3:16-18. El sacrificio de Dios por el mundo emanó de Su amor por él. Nuestros sacrificios por el mundo también deberían demostrar nuestro amor. Juan declara que el amor sin sacrificio no tiene valor (1 Jn. 3:16-18), pero Pablo afirma que así también ocurre con el sacrificio sin amor (1 Cor. 13:1-3).

60. Arthur W. Pink, *An Exposition of Hebrews* [Una exposición sobre Hebreos] (Grand Rapids: Baker, 2003), 601.

61. Horton, *Christless Christity* [Cristianismo sin Cristo], 143-44.

62. Rodney Stark, *Urban Chaos and Crises: The Case of Antioch* [El caos urbano y las crisis: el caso de Antíoco], en *The Rise of Christianity* [La expansión del cristianismo] (San Francisco: HarperCollins, 1997), 156-72.

63. Por supuesto, esto no es negar que hubo cosas realmente únicas que sucedieron en los primeros días del cristianismo. Creo que Dios hizo algunas cosas especiales para autenticar el mensaje de los apóstoles, así parecen indicar pasajes como Hebreos 2:1-4. Sin embargo, eso no significa que no podamos pedir y esperar que Dios haga cosas milagrosas entre nosotros también.

64. *Preaching and Preachers* [La predicación y los predicadores] (Grand Rapids: Zondervan, 1971), 23.

65. *Church Efforts Earn Family Status at Elementary School* [Esfuerzos de la iglesia ganan el estatus de familiar en escuela primaria], *Biblical Recorder*, vol. 175, no. 19 (12 de septiembre del 2009), 7.

Conclusión

66. Le debo esta frase a Michael Horton, *Christless Christity* [Cristianismo sin Cristo] (Grand Rapids: Baker, 2008), 124.

67. Este error hizo que el fariseo súper celoso fuera: «... dos veces más merecedor del infierno...» y odiara a Jesucristo (Mat. 23:15).

68. Debo esta analogía respecto al estudio apasionado a la magistral obra de Peter Kreeft en su ingenioso libro *Between Allah and Jesus* [Entre Alá y Jesús] (Downers Grove: IVP, 2010).

COALICIÓN POR EL EVANGELIO es una hermandad de iglesias y pastores comprometidos con promover el evangelio y las doctrinas de la gracia en el mundo hispanohablante, enfocar nuestra fe en la persona de Jesucristo, y reformar nuestras prácticas conforme a las Escrituras. Logramos estos propósitos a través de diversas iniciativas, incluyendo eventos y publicaciones. La mayor parte de nuestro contenido es publicado en www.coalicionporelevangelio.org, pero a la vez nos unimos a los esfuerzos de casas editoriales para producir y colaborar en una línea de libros que representen estos ideales. Cuando un libro lleva el logo de Coalición, usted puede confiar en que fue escrito, editado y publicado con el firme propósito de exaltar la verdad de Dios y el evangelio de Jesucristo.

TGC | COALICIÓN